기초 사회복지 자료분석론

이계존

KNOWLEDGE COMMUNITY 공동체

머리말

저자와 SPSS

저자가 처음 SPSS를 접한 것은 학부 3학년 시절이었다. 당시 저자는 사회복지조사론 과목을 수강하였는데, 담당 교수님의 연구를 도와드리면서 SPSS를 알게 되었다.

교수님의 연구는 병원 사회복지사의 필요성에 대한 연구였다. 연구에서 저자가 담당한 역할은 설문결과의 입력 및 처리 등 연구의 기초 자료를 준비하는 것이었다.

먼저 설문결과를 천공기로 전산 카드에 입력해야 했다. 수백 장의 설문을 한 장씩 전산 카드에 천공해야 했는데, 단순 작업임에도 그 속도는 더디었고, 또 오류도 잦았다.

자료 정의 및 통계처리 명령도 전산 카드에 입력해야 했다. Set listing, Data format, Missing value, Descriptive 등 정확한 의미가 무엇인지도 모른 채 단순 작업을 해야만 했었다.

이렇게 만들어진 전산 카드가 거의 천여 장에 이르렀다. 이를 순서대로 묶은 후, 교내 중앙전산소에 가져가 전산처리를 의뢰했다. 당시는 개인용 컴퓨터가 없던 시절로 교내 중앙전산소에만 컴퓨터가 설비되어 있었다.

만일 오류가 없다면 상당 분량의 결과물이 출력되었다. 그러나 번번이 서너 장의 결과물만이 나왔는데, 이는 오류가 있음, 그리고 오류의 내용을 지시하는 간략한 부호였다.

오류 결과물을 가지고 교수님의 연구실로 갈 때면 다소 긴장해야만 했었다. 연구는 늘 시간을 재촉하는 상황이었고, 오류로 인해 진행에 차

머리말

질이 생기면 교수님의 표정이 돌변하였다.

사실 교수님도 통계에 대해 그다지 해박하지는 않았다. 그러기에 저자는 늘 오류에 대처하느라 여러 권의 SPSS 영문 매뉴얼을 뒤져야만 했었다. 오류의 원인이 파악되면 그나마 다행이었다. 어찌할 수 없는 오류가 반복되면 다혈질이던 교수님은 매우 흥분하셨고, 이를 행동으로 표현하셨다. 당시 던지셨던 전화기가 몇 대였는지.

교수님의 흥분에 억울한 희생양이 되기도 했지만, 지금도 생각나는 흐뭇한 장면은 있었다.

교수님의 악행(?)이 몇 차례 반복되면, 이따금 부드러운 목소리로 저자를 부르곤 했었다. '이 군아! 고생 많지. 이거 구두 상품권인데, 신이나 사서 신어라' 등.

또 주말 내내 연구실에서 작업하던 저자에게, 사모님이 챙겨주신 샌드위치를 내어주며 '먹고 하라'는 자상한 표정 등.

그러나 무엇보다 저자가 보람있게 생각하는 것은, 그 당시 SPSS의 혹독한 경험이 이후 값진 자산이 되었다는 것이다. 석사 이후 SPSS를 어느 정도 한다는 이유만으로 세브란스정신건강병원에 직원으로 특채되었고, 또 한국장애인고용(촉진)공단의 연구원으로 초빙될 수 있었다.

다소 장황한 이야기로 서문을 대신하려는 이유는 분명하다. SPSS를 처음 접하던 시절의 고역을 언급하고, 결국 큰 보람을 얻었다는 규범적 측면만은 아니다.

그보다는 할 수 있다는 자신감으로 적극 대처한 결과, 늘 뭔가의 방안은 찾을 수 있었다는 것, 그리고 이는 이후 고급 통계도 처리할 수 있는 저자의 근력이 되었다는 것이다.

당시의 한 장면이 떠오른다. SPSS 명령이 제한된 칸 수를 벗어나는 경우, 그 행의 마지막 칸에 /를 표시함으로써 이어지는 행을 포함하는 긴 명령문을 구성할 수 있었다. 그런데 저자는 이를 미처 모르고, 수차례 같은 오류를 반복했었다. 마침 명절 연휴라 통계상담소에 문의할 수도 없었다. 거의 며칠 밤을 새면서 영문 매뉴얼을 뒤적였다. 그럼에도 해결방법을 종내 찾지는 못했었다.

이후 찾아간 통계상담소에서 담당 선생의 한마디, /를 치면 되는데. 허망했었다. 그러나 그 며칠 밤의 고생이 단지 허사만은 아니었다. 매뉴얼을 뒤져보며 나름 유익한 정보를 구할 수 있었다. 또 어떤 궁지에서도 할 수 있다는 자신감을 한층 드높일 수 있었다.

학부나 대학원 시절, 통계 또는 자료분석론에 대한 체계적인 학습을 전혀 하지 않았던 저자가 통계분석을 활용하여 연구원 생활을 했고, 이후 학교에서 자료분석론을 가르치는 교수가 되었음은 바로 그 시절의 경험에서 비롯되었다고 해도 결코 과장이 아니다.

저자는 나와 같이 SPSS를 공부하는 제자들이 그리고 사회복지 현장에 근무하는 전문가 후배들이 약간의 노력을 기울이면 나만큼 SPSS를 활용할 수 있다고 확신한다.

사회복지의 특성상 다수를 이해하기 위한 방법으로 설문조사는 필수적이며, 그 결과 분석에 SPSS는 절대적이다. 따라서 누구나 편하게 SPSS를 접하고, 자신감을 가지고 학습하여 전문 역량을 강화하고, 이후 자신의 전문 업무에 적극 활용하기를 권한다.

2021년 1월 31일

저자 이계존

차 례

CONTENTS

제1장

SPSS의 이해

제1장 SPSS의 이해

질적 조사와 양적 조사

대상자를 이해하기 위한 가장 일반적인 방법은 면접이다. 면접은 필요한 정보에 대해 질문을 던지고 상대로부터 구체적인 답을 구하는 과정이다. 이때 얻어지는 답은 글(Text)로서 특정 맥락을 바탕으로 하여 다양한 의미를 가질 수 있는데, 정보로서 매우 유연하고 풍부하다고 할 수 있다. 이와 같은 정보 수집을 **질적 조사**라 한다.

질적 조사는 풍부한 정보를 얻을 수 있는 장점이 있지만 그 적용에는 일정 한계가 있다. 즉, 소수를 대상으로 하는 경우에만 가능하다. 다수를 대상으로 하는 경우 소요 시간, 결과의 표준화, 정보의 정리 및 활용 등에 있어 상당한 어려움이 있을 수밖에 없다.

다수를 대상으로 하여 단시간 내에 표준화된 방법으로 단순 명료한 정보를 수집하는 대표적인 방법이 설문이다. 설문은 숫자를 그 결과로 가지기 때문에 조사 결과가 글인 질적 조사와 대비하여 **양적 조사**라 한다.

사회복지 부문에서는 대상 이해를 위한 면접, 즉 질적 조사가 주로 활용되고 있다. 개인이나 집단 등 소수를 대상으로 하여 깊이 있는 면접이 보다 많이 실시되는 실무 속성에 따른 결과이다.

한편 이해하고자 하는 대상이 다수인 경우에는 양적 조사가 수행되어야 한다. 만일 특정 지역에 거주하는 장애인의 실태를 파악하고자 한다면 전체적인 이해를 위해 대표성 있는 표본을 추출하여 설문 등 양적 조사를 실시하여야 할 것이다.

질적 조사는 사회복지 고유의 방법론으로 생각하는 반면 양적 조사는 타 학문의 방법론으로 잘못 인식하는 경우도 있다. 그러나 양적 조사는 빈곤 연구 등 사회복지 부문에서 비롯된 고유의 방법론이다. 따라서 사회복지 부문에서 다수 대상의 이해를 위한 양적 조사를 필수적 방법론으로 인식하고 이와 관련한 전문적인 역량을 강화해야만 할 것이다.

SPSS

연구 수행을 위해 조사대상자에게 설문지를 배부하고 이를 수거하였다. 이때 설문지는 아직 가공되지 않은 원자료(Raw data)이다.

연구자는 원자료를 직접 보며 각 측정에서의 빈도를 세거나 또는 계산기를 활용하여 그 평균을 구할 수도 있다. 이러한 분류 또는 계산 등 연구 목적에 적합한 자료를 얻는 모든 과정이 넓은 의미에서 통계분석이라고 할 수 있다.

조사대상의 규모가 작고 또 조사내용이 단순하다면 위와 같은 직접 분류나 계산이 가능할 수 있다. 그러나 대부분의 양적 조사는 조사 대상의 규모가 크고, 동시에 조사하고자 하는 내용도 많다. 나아가 보다 명확한 근거를 확보하기 위하여 복잡한 수식이 적용되기도 한다. 따라서 연구자가 직접 분류하거나 계산하는 것은 거의 불가능하다고 할 수 있다.

이러한 맥락에서 컴퓨터를 활용함으로써 연구 과정에서 수집된 설문 결과를 입력, 관리, 집계, 통계 분석할 수 있도록 개발된 사회과학용 통계 프로그램이 SPSS(Statistical Package for Social Science)[1]이다.

SPSS는 1968년 시카고 대학에서 개발되었는데, 타 프로그램[2]과 구분되는 편의성과 수월성으로 인해 오늘날 가장 많이 활용되는 통계프로그램이다.

함께 생각하기

디바이드(Divide)에 의한 분별 그리고 이의 극복[3][4]

개인용 컴퓨터가 보급될 즈음인 1990년대 초반의 기억이다. 펜글씨로 족보를 정리하던 아버지에게 컴퓨터 워드프로세서로 작업을 하면 매우 편리하다고 말씀드린 적이 있었다. 정규 교육을 거의 받지 않았음에도 아버지는

---

1) SPSS 소프트웨어는 https://www.ibm.com/kr-ko/analytics/spss-trials에서 IBM SPSS 체험판을 구하여 사용할 수 있다. 단, 그 사용기간은 30일로 제한된다.

2) SPSS 이외의 통계 프로그램으로는 MINITAB, SAS 등이 있다.
MINITAB은 통계 초보자를 위한 프로그램으로 저렴한 가격대로 기본 통계에 충실하지만 고급 분석이 지원되지 않는다.
반면 SAS는 통계 전문가를 위한 프로그램으로 현재까지 개발된 거의 모든 통계방법을 망라하고 있다. 단, 이용을 위해서 상당 통계 지식이 요구된다.

3) 이계존. Divide에 의한 분별 그리고 이의 극복. 복지연합신문(2008. 5. 19. 字).

4) 이러한 개인적 사례를 언급하는 까닭은 컴퓨터는 서툴고, 수학이나 통계는 잘 모르고, 또 조사론 개념은 어렵기만 하여 자료분석론을 기피하는 제자나 후배가 너무도 많기 때문이다. 그러나 누구든 뚜렷한 목적의식으로 꾸준한 정진이 계속된다면 자료분석론을 분명 공략하고 적의 활용할 수 있다. 이러한 맥락에서 본 교재의 목표는 16주 공부하면 누구든 L교수만큼 SPSS를 할 수 있다 이다.

나를 통해 컴퓨터의 효용성을 적극 인식하게 되셨다. 그리고 이를 직접 활용하고자 하는 적극적인 의지도 나타내셨다. 이후 아버지는 내가 구해 준 컴퓨터로 족보를 정리하시며 본격적으로 혼글 등 컴퓨터에 입문하셨다.

그 무렵 아버지로부터 참 많은 전화를 받았었다. 파일이 없어졌다, 작성 파일이 어느 디렉토리에 있는지 모르겠다 등. 시도 때도 없는 전화를 받았었다. 난 제자 아버지의 진전을 기특하게(?) 생각하여 그때그때 궁금증에 답해 드리곤 했었다. 당시 컴퓨터가 영어 약어 명령어인 DOS 시절이었음을 감안한다면 컴퓨터와 관련한 아버지의 궁금증이 어느 정도였는지 충분히 짐작할 수 있을 것이다.

한번은 십자가(+)가 비스듬히 옆으로 누운 영어 알파벳이 뭐냐고 물으셨다. 웃음을 참으며 엑스(×)라고 알려드렸다. 그리고 얼마간 아버지와 컴퓨터 관련한 대화가 다소 뜸하다 싶었다.

한참이 지난 어느 날, 아버지는 내게 엑셀을 아느냐고 물으셨다. 잘 모른다고 하자 아버지는 엑셀의 기능을 조목조목 설명하기 시작하셨다. 그 설명으로 미루어 봤을 때 아버지는 독학으로 이미 엑셀의 모든 기능을 정확히 알고 계셨다. 특히 관여하시던 모임의 업무를 엑셀 프로그램으로 처리하셨기에 난 더욱 놀랄 수밖에 없었다. 이후 아버지는 엑셀과 관련해서는 나의 탁월한 스승이 되셨다.

21세기 초입, 정보화 사회의 도래가 과장되어 언급되었다. 향후 모든 정보는 컴퓨터를 매개로 하여 교류될 것이라 야단법석이었다. 그러기에 컴퓨터를 다룰 줄 알고, 이를 적절히 활용할 수 있는 컴퓨터 식자(識者)층이면 우성 존재로 정의되었다. 그리고 컴퓨터를 다룰 줄 모르면 정보화된 문명사회에서 낙오되는 열등 존재로 평가 절하되었다. 이렇듯 컴퓨터 정보 활용 능력의 유무에 따른 극단적인 디지털 디바이드(Digital divide)가 회자되었다. 특히 컴퓨터 및 정보화 사회에 적응하지 못하고 낙오될 유력한 대상으로 고령자, 장애인, 중년 여성 등이 집중 거론되기도 했었다.

이후 10여 년이 흐른 지금, 정보화시대의 디지털 디바이드가 과연 유효한 논의였는지 반추해 본다. 디지털 디바이드는 컴퓨터의 활용능력 그리고 이에 따른 정보수집능력에 질적 차이가 있음을 전제로 하는 개념이다. 그러나 컴퓨터를 모르더라도 개개인의 정보 수집 능력에는 큰 차이가 없음이 분명한 오늘의 현실이다. 컴퓨터를 통해 모든 정보가 오고 가는 급격한 변화도 오지 않았다. 이 분야에 대해 과문(寡聞)한지는 모르겠지만 컴퓨터란 단지 유용한 정보 수집의 한 수단일 뿐이다. 그리고 가상공간이 아닌 실생활에서의 정보 교류가 대세였음은 분명하다.

결국 디지털 디바이드는 우리의 성급한 오두방정은 아니었을까 생각한다. 또한 정보 매체를 적절히 활용하기 힘들 것이라 예상되었던 여러 취약계층들도, 컴퓨터의 유용성을 인식하고, 이에 적절히 대처하여, 그다지 큰 디지털 디바이드는 나타나지 않았다.

거의 정규 교육을 받지 않았던 아버지가 dir, copy, del, md, cd 등 DOS 명령어를 하나하나 익혀 활용하셨음을 기억한다. 그토록 소망하던 간이 족보 제작을 위해 컴퓨터를 익히고자 쉼 없이 노력하던 아버지의 모습을 떠올리면 컴퓨터는 일부 식자층만이 접근할 수 있는 폐쇄된 매체만은 아니었음을 깨닫게 된다. 오히려 개인적 의지에 따라 누구든 활용이 가능한 하나의 수단이었을 뿐이다. 일체의 디바이드는 허구적 단순 사실을 과장하는 극단적 환원(단순화)일 뿐이다. 또한 환원의 결과 이항 대립만이 강조된다. 따라서 분별의 근거인 디바이드는 지양되어야 한다. 그리고 그 맥락에 존재하는 다소간의 다름을 인정하고 서로의 융합을 촉진하는 지혜가 보다 절실히 요구된다.

제2장

포맷과 코딩

제2장 포맷과 코딩

포맷과 코딩

연구 목적을 달성하고자 설문조사를 실시하고 일정 분량의 설문지를 회수하였다. 이때 수거된 설문지들이 원자료이다.

설문지인 원자료가 SPSS로 통계 분석되기 위해서는 일관된 원칙에 따라 데이터 파일로 변환되어야 하는데, 이를 **코딩**(coding)이라고 한다. 코딩은 원자료의 문항(변수) 그리고 이를 구성하는 변수값(values)[1]에 대해 일정 부호(code)를 부여함으로써 설문결과를 체계화된 부호들로 변환하는 과정이다.

원자료 코딩에 앞서 SPSS Data Matrix에서 변수나 변수값 등을 정의함으로써 코딩 원칙을 구체화해야 하는데, 이를 **포맷**(format)이라고 한다. 포맷은 설문 구조나 내용 등에 따른 일정 지침(Code Book)을 결정하고 이 지침에 따라 공란 상태인 Data Matrix를 구조화하는 일련의 과정이다.

---

1) 설문에서 「**성별 : ① 남자 ② 여자**」라고 물었을 때, 성별이 변수이고, 응답결과, 즉 ①과 ②가 변수값이다.

다음 예제 설문을 통해 포맷과 코딩, 그리고 기타 유의사항 등에 대해 알아보고자 한다.

[사회복지학과 재학생의 전공역량 실태][2)]

성별

① 남자　② 여자

종교

① 교회　② 성당　③ 절　④ 기타(____________)　⑤ 종교 없음

학년

① 1학년　② 2학년　③ 3학년　④ 4학년　⑤ 대학원생

사회복지학과 전공 선택의 주된 이유

① 본인의 흥미와 적성　② 졸업 후 취업 유리　③ 부모님의 권유
④ 학교 선생님의 권유　⑤ 선배 및 친구 등의 권유
⑥ 인터넷이나 대중매체(TV, 신문 등)의 홍보
⑦ 기타(____________)

사회복지 전문경력 개발을 위한 과외 활동(있는 경우 모두 체크)

① 자원봉사　② 사회복지시설 인턴　③ 전공동아리 활동
④ 교외 각종 단체 활동　⑤ 1급 자격취득 관련 학습
⑥ 전문자격 취득 학습　⑦ 취업 목적 자율 학습조직 활동
⑧ 외국어 학습　⑨ 국외 봉사활동　⑩ 기타(____________)

---

2) 본 설문의 포맷 그리고 일부 코딩의 데이터 파일은 저자의 학습 카페(http://cafe.daum.net/johnkl) SPSS 학습자료 중 「사회복지학과 재학생의 전공역량 실태.sav」 참조.

사회복지 주요 교과목에 대한 선호도

구 분	교과목 선호도				
	매우 높음	높음	보통	낮음	매우 낮음
인간행동과 사회환경					
사회복지조사론					
사회복지실천론					
사회복지실천기술론					
지역사회복지론					
사회복지정책론					
사회복지행정론					
사회복지법제론					

졸업 후 희망하는 취업 분야

① 각종 복지관　② 사회복지 생활시설　③ 사회복지직 공무원
④ 사회복지 관련 단체　⑤ 일반 취업　⑥ 기타(____________)

취업 후 희망하는 연봉

약 (____________) 만 원

출생년도

(____________)년

취업 후 희망하는 업무 내용(간략히 기술)

____

____

SPSS Data Matrix

포맷 및 코딩을 위해서는 먼저 SPSS 프로그램을 실행하여야 한다. SPSS 프로그램을 실행하면 ❙그림 2-1❙과 같은 SPSS Data Matrix가 뜬다. Matrix에서 행(Row)은 각각 구분되는 설문지 사례를 의미하고, 열(Column)은 조사 문항을 의미한다. 또 칸(Cell)은 각 설문지 사례에서 해당하는 조사 문항의 실제 측정값을 의미한다.

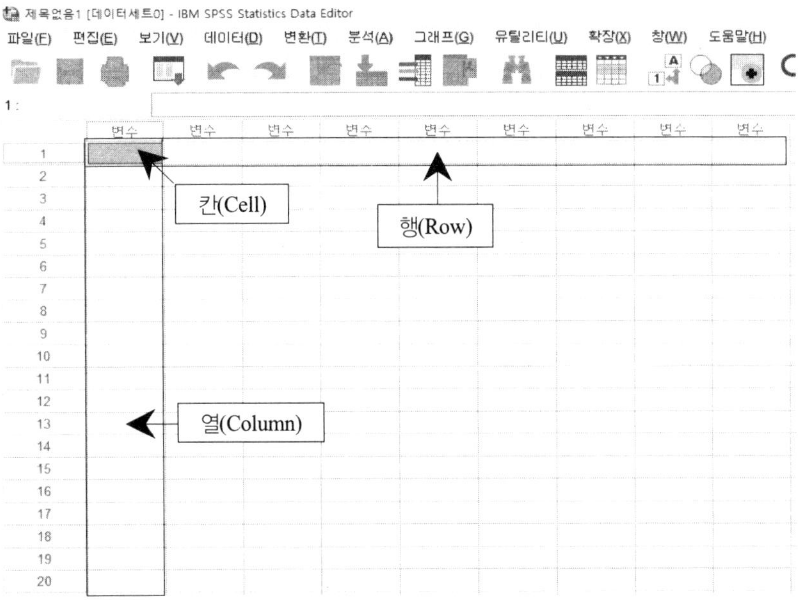

❙그림 2-1❙ SPSS의 Data Matrix

❙변수 정의

SPSS Data Matrix의 포맷에서 가장 우선되는 작업이 **변수 정의**이다. ❙그림 2-2❙ **데이터보기** 창의 각 열(Column)의 제목은 변수라고만 표시되어 있다. 또 ❙그림 2-3❙ **변수 보기** 창의 각 행(Row)의 이름은 빈칸으로 표기되어 있다. 이는 아직 각 설문 문항이 변수로서 정의되지 않은 상태이다. 따라서 설문 문항에 근거하여 각각 변수로 정의하여야 한다.

예제 설문에서 변수는 문항 순서에 따라 **성별, 종교, 학년, 전공선택이유, 전문경력개발활동, 주요교과목선호도(인간행동과사회환경선호도, 사회복지조사론선호도, 사회복지실천론선호도, 사회복지실천기술론선호도, 지역사회복지론선호도, 사회복지정책론선호도, 사회복지행정론선호도, 사회복지법제론선호도), 졸업후희망취업분야, 취업후희망연봉, 출생년도, 희망업무내용** 등이다.

SPSS에서 변수 이름은 설문 문항의 내용을 참조하여 한 단어로 축약하여 정의되어야 한다. 이러한 원칙 때문에 띄어쓰기 맞춤법에 어긋나는 변수 이름이 활용된다. 만일 변수 정의 단계에서 띄어쓰기를 하면 오류로서 변수명은 입력되지 않는다.

SPSS의 Data Matrix는 **변수 보기**(그림 2-3 참조)와 **데이터 보기**(그림 2-2 참조), 두 개의 창으로 구성되어 있다. **변수 보기**는 주로 변수 정의 등 포맷을 할 때 사용하며, **데이터 보기**는 설문결과를 실제 코딩할 때 사용한다.

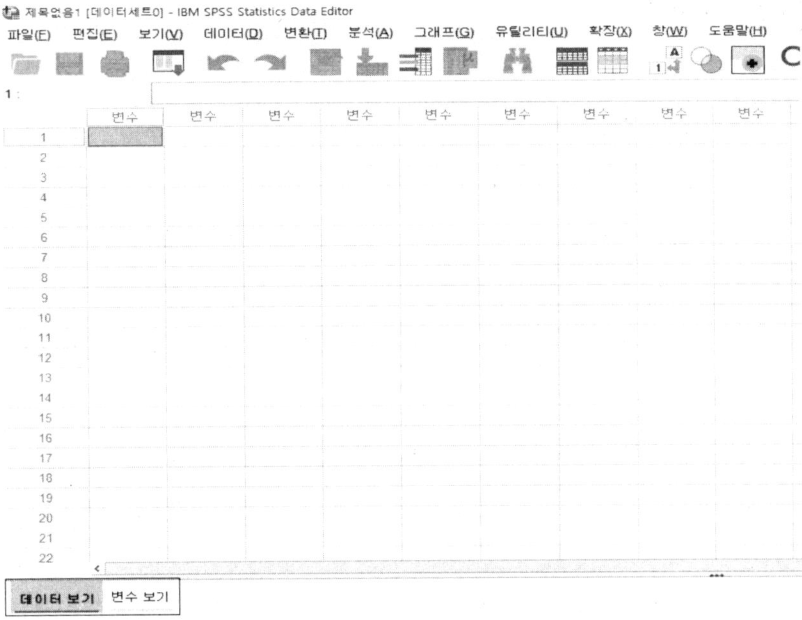

【그림 2-2】 SPSS Data Matrix의 데이터 보기

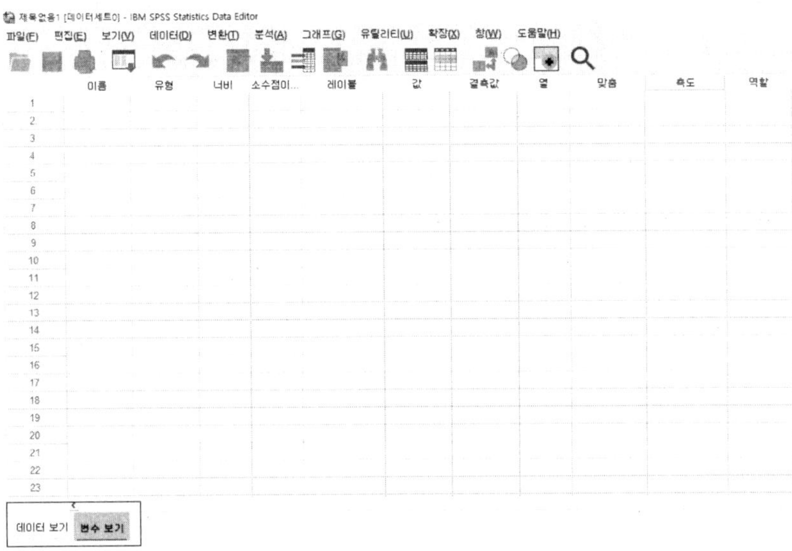

【그림 2-3】 SPSS Data Matrix의 변수 보기

변수 보기 창의 이름에 성별을 입력하면 변수 명이 정의된다(그림 2-4 참조). 그리고 이름 다음의 유형, 너비, 소수점 이하 자리, 레이블, 값, 결측값, 열, 맞춤, 측도, 역할 등은 자동으로 정의된다. 이와 같은 값에 대해서는 특별한 이유가 없는 한 변경하지 않아도 된다.

단, 값은 구체적으로 정의하는 것이 필요한데, 상세 내용은 다음에서 다룬다.

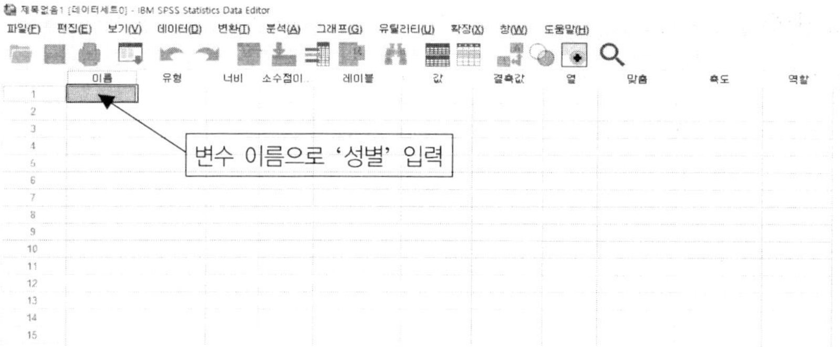

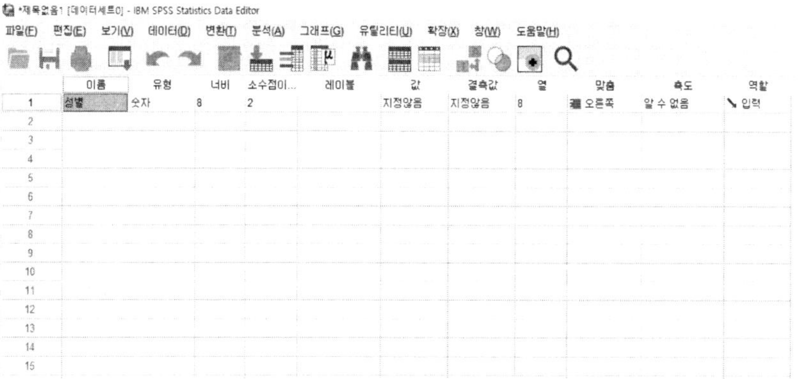

❙그림 2-4❙ 변수 정의

▎변수값 정의

변수값을 정의하는 방법도 간단하다.

▮그림 2-5▮에서와 같이 해당 변수(성별)에서 **값**은 **지정않음**으로 되어 있다. 이때 **값** 셀의 오른쪽 끝을 마우스 버튼으로 클릭한다. 이후 **값 레이블**[3]이라는 대화창이 뜨면 기준값에 해당하는 부호, 그리고 레이블(설명)을 각각 입력하면 된다.

성별에서 기준값 1은 레이블이 남성임을 입력하고 대화창의 **추가** 버튼을 누른다. 이어 기준값 2는 여성임을 입력하고 **추가** 버튼을 누른다. 마지막으로 대화창 아래의 **확인** 버튼을 누르면 변수값 정의가 완료된다.

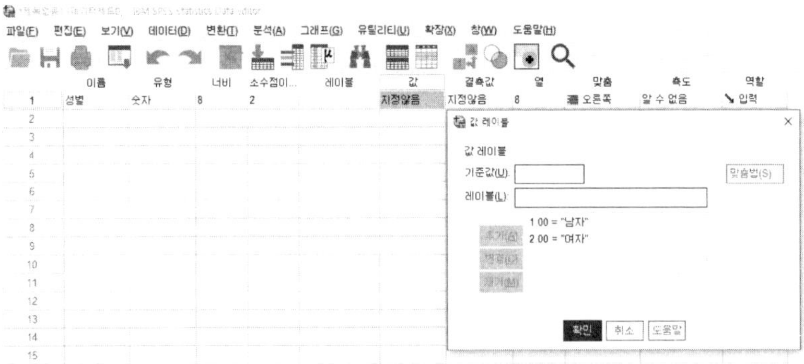

▮그림 2-5▮ 변수값 정의

성별과 같은 방식으로 **종교**는 두 번째 행에서 구체적으로 1은 교회, 2는 성당, 3은 불교, 4는 기타[4], 5는 없음 등으로 변수값을 정의한다.

---

3) 일부 SPSS ver.에서 **값 레이블**은 **변수값 설명**이라는 명칭을 사용하고 있다.

4) 어떤 조사대상자는 종교에 대한 응답으로 기타 종교인 4를 체크하고 이후 이어지는 밑줄에 자신의 기타 종교를 적기도 한다. 이때 기타 종교의 상세 내용이 중요하다고 판단되면 또 다른 하나의 변수를 만들고, 여기에 기타 종교의 내용을 입력할 수도 있다. 단, 이 변수는 수가 아니라 글자로 입력해야하기 때문에 변수 유형을 문자로 정의해야 한다.

세 번째 행은 학년으로 1은 1학년, 2는 2학년, 3은 3학년, 4는 4학년, 5는 대학원생 등으로 변수값을 정의한다. 그리고 네 번째 행은 전공선택이유로서 1은 본인의 흥미와 적성, 2는 졸업 후 취업에 유리, 3은 부모님의 권유, 4는 학교 선생님의 권유, 5는 선배 및 친구 등의 권유, 6은 인터넷이나 대중매체(TV, 신문 등)의 홍보, 7은 기타 등으로 변수값을 정의한다.

▌한 문항을 여러 개 임시문항으로 구분(가변수 처리)

각 질문에 데이터 보기 기준으로 하나의 열을 할당하여 변수값을 입력하는 것이 일반적인 포맷 원칙이다. 그런데 이와 같은 일반적 원칙을 벗어나는 경우가 있다.

예제 설문 중 사회복지 전문경력 개발을 위한 과외 활동의 질문은 해당하는 경우를 모두 체크하여 응답하도록 구성되어 있다. 즉, 어떤 조사대상자는 하나도 체크하지 않을 수 있고, 어떤 조사대상자는 모두 체크할 수도 있다. 따라서 하나의 열로 이 문항을 처리하는 것은 불가능하다.

이런 경우 다른 방식의 포맷이 요구되는데, 일반적으로 가장 많이 활용되는 것이 가변수 처리이다.

전문경력 개발을 위한 활동은 하나의 변수이지만, 이를 변수값의 수에 따라 10개의 가(임시)변수로 만들고 이에 대한 응답을 각각 코딩하여야 한다.

▌그림 2-6▐ 과 같이 10개의 가변수[5](자원봉사_1, 인턴_2, 전공동아리

5) 변수명을 자원봉사_1, 인턴_2, 전공동아리_3, 교외단체활동_4, 일급자격취득_5, 전문자격취득_6, 학습조직_7, 외국어학습_8, 국외봉사활동_9, 기타_10 등으로 명명한 것에 유의하여야 한다.

_3. 교외단체활동_4, 일급자격취득_5[6]. 전문자격취득_6, 학습조직_7, 외국어학습_8, 국외봉사활동_9, 기타_10)를 각각 정의하였다고 하자.

이때 특정 조사대상(그림 2-6의 음영 표시 부분)이 설문 문항 1, 2, 6을 체크하였다면, 자원봉사_1, 인턴_2, 전문자격취득_6의 가변수만 1로서 부호화하고 다른 가변수는 빈칸으로 처리한다. 즉, 가변수에 대해 1이라고 부호화된 것은 조사대상자가 경험한 것이고, 빈칸은 조사대상자가 경험하지 않은 것을 의미한다.[7]

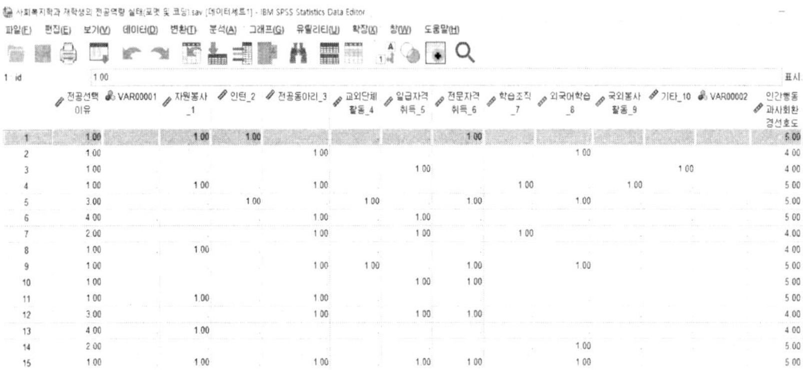

	전공선택이유	VAR00001	자원봉사_1	인턴_2	전공동아리_3	교외단체활동_4	일급자격취득_5	전문자격취득_6	학습조직_7	외국어학습_8	국외봉사활동_9	기타_10	VAR00002	인간행동과사회환경선호도
1	1.00		1.00	1.00				1.00						5.00
2	1.00				1.00					1.00				4.00
3	1.00						1.00					1.00		4.00
4	1.00		1.00		1.00				1.00		1.00			5.00
5	3.00			1.00		1.00		1.00		1.00				5.00
6	4.00				1.00		1.00							5.00
7	2.00				1.00		1.00		1.00					4.00
8	1.00		1.00											4.00
9	1.00				1.00	1.00		1.00		1.00				5.00
10	1.00						1.00	1.00						5.00
11	1.00		1.00		1.00									5.00
12	3.00				1.00		1.00	1.00						4.00
13	4.00		1.00											4.00
14	2.00									1.00				5.00
15	1.00		1.00		1.00		1.00	1.00		1.00				5.00

❙그림 2-6❙ 가변수 처리

만일 변수명을 자원봉사, 인턴, 전공동아리, 교외단체활동, 일급자격취득, 전문자격취득, 학습조직, 외국어학습, 국외봉사활동, 기타 등 변수값의 내용으로만 명명하였다면 각 설문지를 코딩할 때마다 변수명을 확인해야 하는 등 코딩 과정이 매우 번거롭고 지연될 가능성이 있다. 그러나 위와 같이 자원봉사_1, 인턴_2, 전공동아리_3 등으로 명명할 경우, 번호를 단서로 하여 보다 빠르고 정확하게 코딩할 수 있다.
또한 변수명을 자원봉사-1이 아닌 자원봉사_1로 명명한 이유는 가운데 -는 수학 기호 -로 인식되어 변수 이름에 쓸 수가 없기 때문에 아래 _를 쓴 것이다.

6) 변수명을 1급자격취득_5가 아닌 일급자격취득_5로 명명한 이유는 변수명의 첫 글자로 숫자를 쓸 수 없기 때문이다.

7) 이와 같이 가변수 처리 과정에서 경험한 것은 1, 경험하지 않은 것은 빈칸으로 처리하는 것이 일반적이다. 그런데 특정 경험의 여부에 따라 두 집단으로 나누고 이에 따른 후속 분석을 하는 경우, 1이라고 응답한 사례는 분석에 투입되지만, 빈칸인 사례는 시스템에 의해 결측으로 분석에서 제외된다. 따라서 위와 같이 경험 여부에 따라 두 집단으로 나누어 후속 분석을 하는 경우, 빈칸에 특정 변수값(경험을 하지 않았다는 의미에서 주로 '0'을 활용함)을 기입하여야 한다.

▎매트릭스 문항

주요 교과목 선호도는 모두 8개의 하위문항으로 구성된 **매트릭스 문항**이다. 따라서 이를 각각 개별 문항으로 간주하고 일반적인 포맷 원칙에 따르면 된다.

예제 설문에서 변수값은 숫자 표시는 없고 **매우 높음, 높음, 보통, 낮음, 매우 낮음** 등으로만 표시되어 있다. 이처럼 숫자가 명기되어 있지는 않았으나 매우 높음, 높음, 보통, 낮음, 매우 낮음 등의 변수값에 대해 순서대로 1, 2, 3, 4, 5 등으로 변수값을 정의하면 된다.[8)]

▌그림 2-7▐ 에서 **인간행동과사회환경선호도**는 매우 높음 1, 높음 2, 보통 3, 낮음 4, 매우 낮음 5 등으로 변수값이 정의되었다.

한데 이어지는 **사회복지조사론선호도, 사회복지실천론선호도, 사회복지실천기술론선호도, 지역사회복지론선호도, 사회복지정책론선호도, 사회복지행정론선호도, 사회복지법제론선호도** 등도 동일한 변수값 체계를 가진다.

이 경우 각 교과목의 변수값을 각각 정의하기보다는 이미 정의된 **인간행동과사회환경선호도**의 변수값 정의를 **복사(Ctrl+C)**하여 해당 셀에 **붙이기(Ctrl+V)**만 하면 된다.

---

8) 수가 큰 경우 선호도도 높다는 일반론에 부합하기 위하여 매우 높음 5, 높음 4, 보통 3, 낮음 2, 매우 낮음 1 등으로 변수값을 정의할 수도 있다. 그러나 이와 같이 정의하는 경우, 코딩 과정에서 상당 혼란을 초래할 수 있고 이에 따른 오류의 가능성도 높다. 따라서 이러한 순서보다는 본문에서와 같이 변수값을 정의하는 것이 보다 바람직하다.

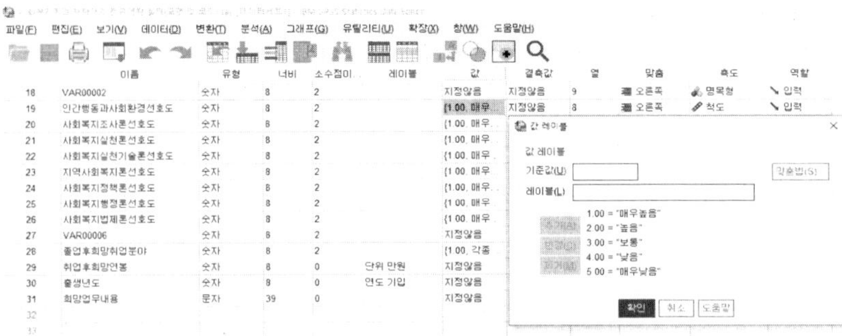

▌그림 2-7▐ 매트릭스 문항의 변수값 정의

▌일련의 값을 가지는 변수

예제 설문에서 **출생년도**는 자신이 태어난 해를 연(年) 단위로 적는 문항이다. 이 경우 각 부호는 우리가 일상적으로 쓰는 단위의 값이기 때문에 부호별 정의를 한다는 것은 전혀 의미가 없는 불필요한 작업이다.9) 따라서 별도의 변수값을 정의하지는 않는다. 단, 이후 정확한 이해 및 혼란의 방지를 위해 변수 정의 시 레이블(설명)에 연도 기입 등으로 표시하는 것이 바람직하다.

취업후희망연봉도 유사한 경우이다. 설문에 의하면 취업 후 희망 연봉은 연간 받고자 하는 의중 임금을 만 원 단위로 적도록 되어있다. 따라서 변수값은 별도로 정의하지 않고 레이블(설명)에 단위 만 원 등을 기입하면 된다. 이와 같이 일상적 또는 전문적 수준에서 통용되는 단위에 따라 변수가 일련의 값을 가지는 경우, 원점수를 별도의 변수값 정의 없이 그대로 활용하면 된다.

---

9) 예를 들어, 1962라는 부호에 대해 1962년이라고 변수값을 정의하는 것을 말한다.

이러한 사례는 일상적 수준에서 나이, 키, 몸무게, 금액, 시간, 성적 등 그리고 전문적 수준에서 지능지수, 일상생활 수행능력 점수, 각종 선별검사 점수 등 매우 다양하다.

❙문자열

이제까지 포맷 및 코딩은 숫자로의 부호화였다. 그런데 예제 설문에서 **희망업무내용**은 숫자로 부호화할 수가 없다. 이러한 경우 숫자가 아닌 **문자**로 변수 유형을 변경하고 각 설문지의 응답 내용을 요약하여 코딩해야 한다.

변수를 정의할 때 변수 유형은 **숫자(N)**로 자동 지정된다. 따라서 문자를 입력해야 하는 경우, 변수 유형을 숫자 대신 **문자(R)**로 변경하여 지정하여야 한다. 그리고 입력될 글자 수 등을 고려하여 적합한 열의 너비(자리 수)도 결정해야 한다.

문자 코딩은 설문이 개방형 질문인 경우 주로 활용된다. 단, 그 결과는 재분류를 통해 문자열에서 숫자로 변환할 수 있고, 이후 보다 다양한 통계방법을 활용할 수도 있다[10]. 따라서 유사한 내용을 언급하는 것이라면 코딩 과정에서 서로 동일한 내용이 기록되어야 한다.

---

10) 예를 들어, 희망업무내용을 파악한 결과 사례관리, 프로그램 기획, 대상자 역량 강화, 일상생활지원 및 돌봄 등의 응답이 많았다고 가정하자. 이때 이러한 응답 결과에 근거하여 사례관리 1, 프로그램 기획 2, 대상자 역량 강화 3, 일상생활지원 및 돌봄 4, 그리고 나머지 5 등으로 재분류함으로써 변수의 유형을 문자에서 숫자로 변환할 수도 있다.

| 그림 2-8 | 문자 변수 유형의 정의

| 일련번호

원자료인 설문지, 그리고 설문지의 코딩 결과인 데이터 파일은 상호 일치하여야 한다. 그런데 일부 불일치가 있을 수 있는데, 이러한 경우 이를 확인하여 수정할 수 있도록 하는 적합한 단서가 **일련번호**이다.

설문지를 데이터 파일로 코딩하는 과정에서 일부 잘못 기입하는 오류는 늘 있을 수 있다. 특히 코딩 작업을 단순 작업으로 인식하여 연구자가 직접 하기보다는 다른 사람에게 맡기는 경우가 많은데, 이에 따라 코딩 오류는 더욱 빈발할 수 있다.

코딩 이후 분석 과정에서 데이터 파일의 일부 오류가 발견되었을 때, 이를 수정하기 위해서는 해당 설문지를 참조하여야 한다. 따라서 이러한 참조가 가능하도록 각 설문지에 일련번호를 수기로 적어 놓고 데이터 파일의 각 사례에도 동일한 일련번호를 코딩하여야 한다.

▮그림 2-9▮에서 여섯 번째 사례(음영 표시 사례)의 출생년도는 25로 되어 있다. 다른 사례들을 고려하면, 이는 출생년도에 근거하여 나이를 계산하여 코딩한 것으로 추정된다. 그러나 이는 코딩 지침을 위반한 명백한 오류이다. 따라서 데이터 파일 일련번호 6에 해당하는 일련번호 6의 설문지를 참조함으로써 이를 반드시 확인 또는 수정하여야 한다.

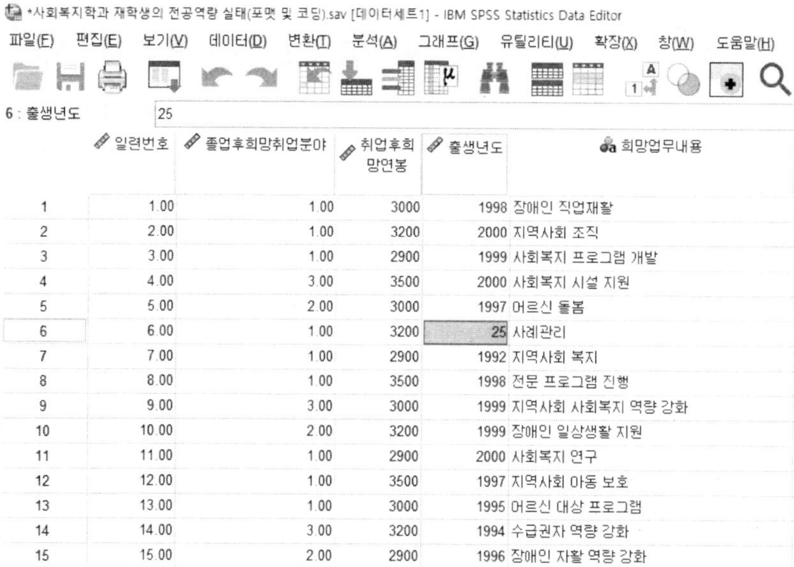

	일련번호	졸업후희망취업분야	취업후희망연봉	출생년도	희망업무내용
1	1.00	1.00	3000	1998	장애인 직업재활
2	2.00	1.00	3200	2000	지역사회 조직
3	3.00	1.00	2900	1999	사회복지 프로그램 개발
4	4.00	3.00	3500	2000	사회복지 시설 지원
5	5.00	2.00	3000	1997	어르신 돌봄
6	6.00	1.00	3200	25	사례관리
7	7.00	1.00	2900	1992	지역사회 복지
8	8.00	1.00	3500	1998	전문 프로그램 진행
9	9.00	3.00	3000	1999	지역사회 사회복지 역량 강화
10	10.00	2.00	3200	1999	장애인 일상생활 지원
11	11.00	1.00	2900	2000	사회복지 연구
12	12.00	1.00	3500	1997	지역사회 아동 보호
13	13.00	1.00	3000	1995	어르신 대상 프로그램
14	14.00	3.00	3200	1994	수급권자 역량 강화
15	15.00	2.00	2900	1996	장애인 자활 역량 강화

▮그림 2-9▮ 코딩 오류의 사례

결측값

조사대상자는 질문 내용이 이해되지 않거나 때론 답하기 곤란한 경우, 질문에 답하지 않고 넘어가기도 한다. 이 경우 조사대상자가 답을 하지 않았기 때문에 그 문항에 대한 답을 구할 수 없는데, 이를 **결측값**(missing value)이라고 한다.

원칙적으로 결측값은 **변수 정의** 과정에서 각각 지정하여야 한다. 결측값 지정은 **이산형 결측값** 그리고 **한개의 선택적 이산형 결측값에 더한 범위** 등 두 가지 방법이 있다.

이산형 결측값은 특정 수를 결측값으로 정하는 경우이다. 일반적으로 9, 0 등의 수가 자주 쓰인다. 왜냐하면 변수값으로 9 또는 0이 사용되는 경우가 거의 없기 때문이다.

예를 들어, **성별**의 경우 남자는 1, 여자는 2, 그리고 결측값 9로 정의한다. 대부분 성별 문항에 답하기 때문에 1 또는 2로 코딩하면 된다. 그러나 어떤 사람이 성별에 답하지 않았다면 이 경우 해당 문항이 결측된 것으로 하여 9로 코딩하면 된다.

한편 한 개의 선택적 이산형 결측값에 더한 범위의 경우는 우선 특정 수 하나를 결측값으로 지정하고, 동시에 특정 범위를 결측 구간으로 지정하는 방식이다.

예를 들어, 성별을 남자 1, 여자 2로 부호화하면서 0을 하나의 결측값으로 지정하고 3~9 범위를 결측 구간으로 지정하면, 1과 2를 제외한 0, 3, 4, 5, 6, 7, 8, 9 등 모든 한 자리 수는 결측으로 지정되는 것이다.

이와 같이 결측값 처리의 일반 원칙이 있기는 하지만 굳이 결측값은 지정하지 않아도 된다. 왜냐하면 최신 SPSS 프로그램에서는 단지 빈칸으로 남기기만 하면 이후 시스템에서 이를 결측으로 자동 처리하기 때문이다.

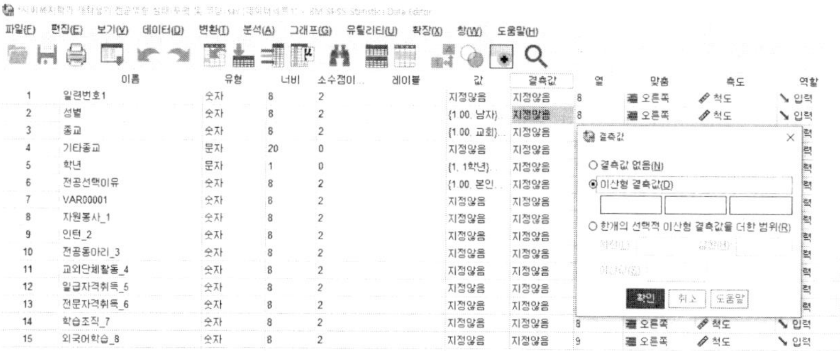

| 그림 2-10 | 결측값 처리

코딩 오류를 줄이는 방법

코딩은 대부분 숫자를 입력하기 때문에 잦은 오류의 가능성이 있다. 이러한 오류가 있는 경우, 단지 한 사례, 한 변수의 입력 값 오류로 한정되는 것이 아니라 산출되는 통계값, 그리고 통계학적 유의미성 여부 등에 결정적 영향을 미치기도 한다. 따라서 본격적인 통계분석의 실시에 앞서 데이터 파일의 오류 여부를 파악하고, 만일 오류가 있다면 이를 반드시 수정하여야 한다.

코딩 과정에서부터 오류를 줄이고자 노력하여야 하는데, 다음에서 이를 위한 간편 방법의 하나를 소개하고자 한다.

앞의 예제 설문의 코딩 과정에서 오류의 발생 가능성이 높은 문항은 가변수로 처리된 전문경력 개발을 위한 활동, 그리고 Matrix 형식으로 된 주요 교과목 선호도 문항이라고 할 수 있다.

만일 이 문항들의 전후에 아무런 의미가 없는 허수의 열을 둔다면(그림 2-11 참조), 이 열을 빈칸으로 처리하면서 이전 과정에서의 오류 여부를 매 사례마다 자동 점검하게 된다. 그리고 이러한 반복 점검을 통해 오류의 가능성이 현저히 낮아질 수 있는 것이다.

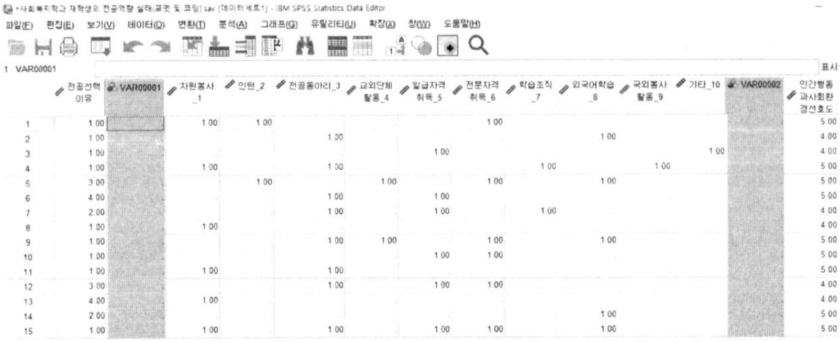

| 그림 2-11 | 코딩 오류의 대처방법

| 데이터 세트

SPSS Data Matrix를 설문의 구조나 내용에 따라 포맷하였고, 여기에 수거된 설문결과를 코딩하였으며, 이후 코딩 과정에서 있을 수도 있는 오류를 파악하고 이를 적의 수정하였다. 이처럼 포맷, 코딩, 오류 확인 등 일련의 과정을 거친 결과는 이후 어떤 통계 분석도 즉시 실시될 수 있는 결과물인데, SPSS에서는 이를 **데이터 세트**(Data set)라 한다.

단순 데이터 파일이 아니라 데이터 세트라 칭하는 이유는 포맷과 관련한 일종의 코드 북이 포함되어 있으며, 수거된 설문지가 부호들로 저장되어 있고, 아울러 오류 여부까지 파악되어 통계 분석을 위한 모든 준비가 완결되었다는 것을 강조하기 위함이다.

제3장

데이터 세트의 이해와 데이터 변환

제3장 데이터 세트의 이해와 데이터 변환

데이터 세트의 이해

이제까지 원자료인 설문으로부터 데이터 세트를 만드는 과정에 대해 설명하였다. 이는 연구자가 설문 작성에서부터 설문의 배포 및 수거, 포맷 및 코딩 그리고 오류 확인 등 일련의 과정을 직접 수행하는 경우이다.

한편 이와는 다르게 다른 사람이 만든 데이터 세트를 바탕으로 분석을 실시하는 경우도 있다. 이때 원자료인 설문은 존재하지 않고 단지 데이터 세트만 존재하는 경우이다. 따라서 특정 데이터 세트에 근거하여 설문지를 추정하는 역의 과정에 대해서도 알아볼 필요가 있다.

저자의 학습 카페(http://cafe.daum.net/johnkl) SPSS 학습자료 중 1991 U.S. General Social Survey(이하 GSS)를 활용하여 이를 설명하고자 한다.

[조사대상자의 수]

조사대상자의 수를 파악하기 위해서는 먼저 해당 파일을 실행하여 데이터 보기에서 행의 수를 파악하여야 한다.

아래 ▮그림 3-1▮에서 보는 바와 같이 GSS는 모두 1,517개의 사례로 이루어짐을 알 수 있다.

일반적으로 데이터 세트에는 원자료인 설문지와의 일치를 위해 **일련번호** 변수가 있다. 따라서 일련번호에 의해서도 조사대상의 규모를 파악할 수가 있다. 단, 앞의 GSS는 공신력 있는 조사기관에 의해 일체의 오류가 수정되었으며 이미 확정된 데이터 세트이다. 따라서 이 데이터 세트에는 일련번호가 불필요하여 생략되어 있다.

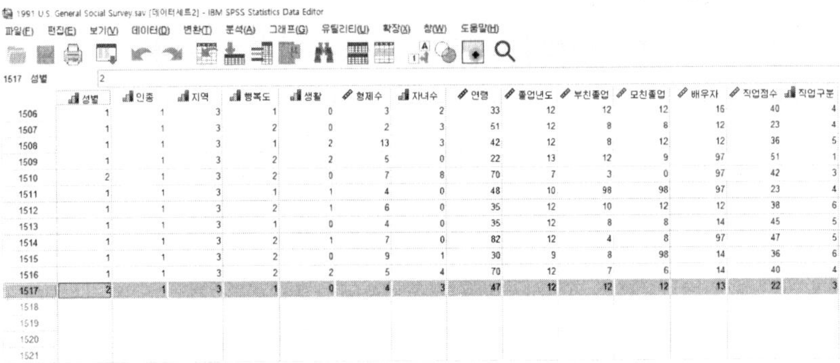

	성별	인종	지역	행복도	생활	형제수	자녀수	연령	졸업년도	부친졸업	모친졸업	배우자	직업점수	직업구분
1506	1	1	3	1	0	3	2	33	12	12	12	16	40	4
1507	1	1	3	2	0	2	3	51	12	8	8	12	23	4
1508	1	1	3	1	2	13	3	42	12	8	12	12	36	5
1509	1	1	3	2	2	5	0	22	13	12	9	97	51	1
1510	2	1	3	2	0	7	8	70	7	3	0	97	42	3
1511	1	1	3	1	1	4	0	48	10	98	98	97	23	4
1512	1	1	3	2	1	6	0	35	12	10	12	12	38	6
1513	1	1	3	1	0	4	0	35	12	8	8	14	45	5
1514	1	1	3	2	1	7	0	82	12	4	8	97	47	5
1515	1	1	3	2	0	9	1	30	9	8	98	14	36	6
1516	1	1	3	2	2	5	4	70	12	7	6	14	40	4
1517	2	1	3	1	0	4	3	47	12	12	12	13	22	3
1518														
1519														
1520														
1521														

▮그림 3-1▮ GSS Data Set의 데이터 보기

[조사 내용]

GSS 데이터 세트에 어떤 내용이 조사되고 코딩되었는지는 변수 보기 등에 근거하여 추정할 수 있다.

GSS의 변수는 모두 43개로 구성되어 있다. 구체적인 변수명은 **성별, 인종, 지역, 행복도, 생활, 형제수, 자녀수, 연령, 졸업년도, 부친졸업, 모친졸업, 배우자, 직업점수, 직업구분, 소득세, 관심사, 준법, 인기, 자립, 근면, 구**

제, 건강1, 건강2, 건강3, 건강4, 건강5, 건강6, 건강7, 건강8, 건강9, 직장1, 직장2, 직장3, 직장4, 직장5, 직장6, 직장7, 직장8, 직장9, 문제1, 문제2, 문제3, 문제4 등이다.

변수명은 위와 같이 매우 축약적으로 표현되어 있다. 따라서 보다 정확한 설문 내용을 추정하기 위해서는 각 변수에 대한 레이블(설명) 그리고 해당 변수의 값 등을 참조하여야 한다.

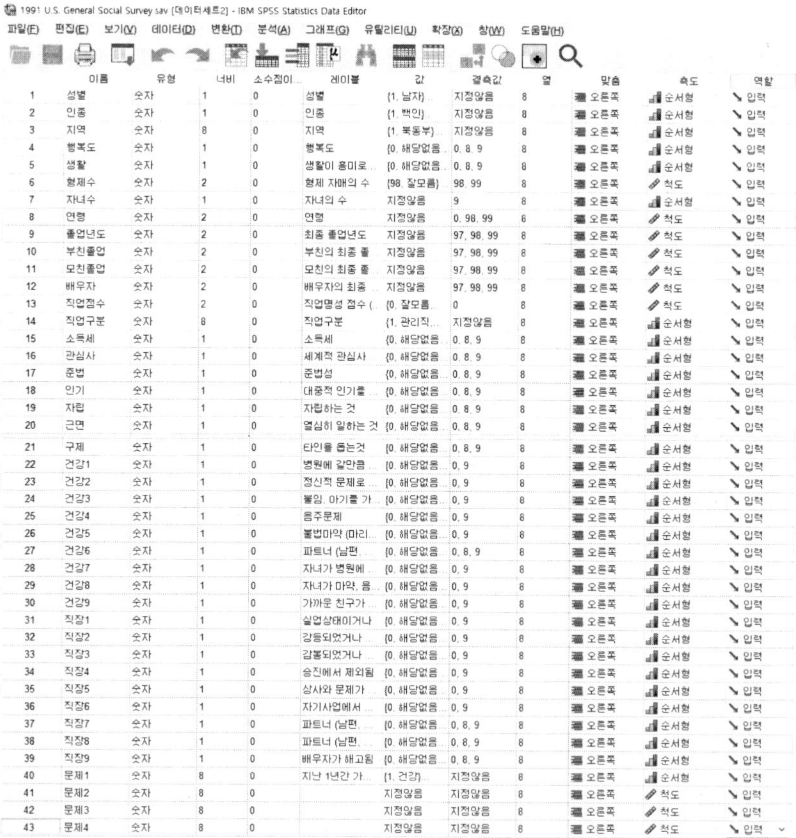
1991 U.S. General Social Survey.sav [데이터세트2] - IBM SPSS Statistics Data Editor

파일(F) 편집(E) 보기(V) 데이터(D) 변환(T) 분석(A) 그래프(G) 유틸리티(U) 확장(X) 창(W) 도움말(H)

	이름	유형	너비	소수점이...	레이블	값	결측값	열	맞춤	측도	역할
1	성별	숫자	1	0	성별	{1, 남자}...	지정않음	8	오른쪽	순서형	입력
2	인종	숫자	1	0	인종	{1, 백인}...	지정않음	8	오른쪽	순서형	입력
3	지역	숫자	8	0	지역	{1, 북동부}...	지정않음	8	오른쪽	순서형	입력
4	행복도	숫자	1	0	행복도	{0, 해당없음...	0, 8, 9	8	오른쪽	순서형	입력
5	생활	숫자	1	0	생활이 흥미로...	{0, 해당없음...	0, 8, 9	8	오른쪽	순서형	입력
6	형제수	숫자	2	0	형제 자매의 수	{98, 잘모름}...	98, 99	8	오른쪽	척도	입력
7	자녀수	숫자	1	0	자녀의 수	지정않음	9	8	오른쪽	순서형	입력
8	연령	숫자	2	0	연령	지정않음	0, 98, 99	8	오른쪽	척도	입력
9	졸업년도	숫자	2	0	최종 졸업년도	지정않음	97, 98, 99	8	오른쪽	척도	입력
10	부친졸업	숫자	2	0	부친의 최종 졸...	지정않음	97, 98, 99	8	오른쪽	척도	입력
11	모친졸업	숫자	2	0	모친의 최종 졸...	지정않음	97, 98, 99	8	오른쪽	척도	입력
12	배우자	숫자	2	0	배우자의 최종 ...	지정않음	97, 98, 99	8	오른쪽	척도	입력
13	직업점수	숫자	2	0	직업명성 점수 (...	{0, 잘모름...	0	8	오른쪽	척도	입력
14	직업구분	숫자	8	0	직업구분	{1, 관리직...	지정않음	8	오른쪽	순서형	입력
15	소득세	숫자	1	0	소득세	{0, 해당없음...	0, 8, 9	8	오른쪽	순서형	입력
16	관심사	숫자	1	0	세계적 관심사	{0, 해당없음...	0, 8, 9	8	오른쪽	순서형	입력
17	준법	숫자	1	0	준법성	{0, 해당없음...	0, 8, 9	8	오른쪽	순서형	입력
18	인기	숫자	1	0	대중적 인기를 ...	{0, 해당없음...	0, 8, 9	8	오른쪽	순서형	입력
19	자립	숫자	1	0	자립하는 것	{0, 해당없음...	0, 8, 9	8	오른쪽	순서형	입력
20	근면	숫자	1	0	열심히 일하는 것	{0, 해당없음...	0, 8, 9	8	오른쪽	순서형	입력
21	구제	숫자	1	0	타인을 돕는것	{0, 해당없음...	0, 8, 9	8	오른쪽	순서형	입력
22	건강1	숫자	1	0	병원에 갈만큼 ...	{0, 해당없음...	0, 9	8	오른쪽	순서형	입력
23	건강2	숫자	1	0	정신적 문제로 ...	{0, 해당없음...	0, 9	8	오른쪽	순서형	입력
24	건강3	숫자	1	0	불임, 아기를 가...	{0, 해당없음...	0, 9	8	오른쪽	순서형	입력
25	건강4	숫자	1	0	음주문제	{0, 해당없음...	0, 9	8	오른쪽	순서형	입력
26	건강5	숫자	1	0	불법마약 (마리...	{0, 해당없음...	0, 9	8	오른쪽	순서형	입력
27	건강6	숫자	1	0	파트너 (남편, ...	{0, 해당없음...	0, 8, 9	8	오른쪽	순서형	입력
28	건강7	숫자	1	0	자녀가 병원에 ...	{0, 해당없음...	0, 9	8	오른쪽	순서형	입력
29	건강8	숫자	1	0	자녀가 마약, 음...	{0, 해당없음...	0, 9	8	오른쪽	순서형	입력
30	건강9	숫자	1	0	가까운 친구가 ...	{0, 해당없음...	0, 9	8	오른쪽	순서형	입력
31	직장1	숫자	1	0	실업상태이거나	{0, 해당없음...	0, 9	8	오른쪽	순서형	입력
32	직장2	숫자	1	0	강등되었거나 ...	{0, 해당없음...	0, 9	8	오른쪽	순서형	입력
33	직장3	숫자	1	0	감봉되었거나 ...	{0, 해당없음...	0, 9	8	오른쪽	순서형	입력
34	직장4	숫자	1	0	승진에서 제외됨	{0, 해당없음...	0, 9	8	오른쪽	순서형	입력
35	직장5	숫자	1	0	상사와 문제가 ...	{0, 해당없음...	0, 9	8	오른쪽	순서형	입력
36	직장6	숫자	1	0	자기사업에서 ...	{0, 해당없음...	0, 9	8	오른쪽	순서형	입력
37	직장7	숫자	1	0	파트너 (남편, ...	{0, 해당없음...	0, 8, 9	8	오른쪽	순서형	입력
38	직장8	숫자	1	0	파트너 (남편, ...	{0, 해당없음...	0, 8, 9	8	오른쪽	순서형	입력
39	직장9	숫자	1	0	배우자가 해고됨	{0, 해당없음...	0, 8, 9	8	오른쪽	순서형	입력
40	문제1	숫자	8	0	지난 1년간 가...	{1, 건강}...	지정않음	8	오른쪽	순서형	입력
41	문제2	숫자	8	0		지정않음	지정않음	8	오른쪽	척도	입력
42	문제3	숫자	8	0		지정않음	지정않음	8	오른쪽	척도	입력
43	문제4	숫자	8	0		지정않음	지정않음	8	오른쪽	척도	입력

| 그림 3-2 | GSS Data Set의 변수 보기

이와 같은 방식으로 추정한 설문 내용은 다음과 같다.

성별 : ① 남자 ② 여자

인종 : ① 백인 ② 흑인 ③ 기타

지역 : ① 북동부 ② 남동부 ③ 서부

행복도 : ① 매우 행복 ② 행복 ③ 보통 ④ 불행 ⑤ 매우 불행[1)]

생활이 흥미로운지 지루한지 : ① 흥미 ② 단조 ③ 지루

형제·자매의 수 : ______명

자녀 수 : ______명

연령 : 만 ______세

최종 졸업년도[2)] : ______년

부친의 최종 졸업년도 : ______년

모친의 최종 졸업년도 : ______년

배우자의 최종 졸업년도 : ______년

직업명성 점수(1980) : ______점

직업구분 : ① 관리직/전문직 ② 기술직/영업직/경리직 ③ 서비스 ④ 농업/임업/어업 ⑤ 정밀 제조/운수/수리업 ⑥ 자영업/제조/일반 노동

소득세 : ① 너무 높다 ② 적절하다 ③ 너무 낮다

세계적 관심사에 참여도 : ① 적극 참여 ② 관심 없음

준법성 : ① 매우 중요 ② 2번째 중요 ③ 3번째 중요 ④ 4번째 중요 ⑤ 가장 덜 중요

---

1) 원래 GSS의 행복도는 **매우 행복 1, 행복한 편 2, 불행한 편 3** 등의 3점 척도로 부호화되어 있다. 그러나 본 교재에서는, 이후 설명의 편의 등을 위해 **매우 행복**은 **① 매우 행복, ② 행복, 행복한 편**은 **③ 보통, 불행한 편**은 **④ 불행 ⑤ 매우 불행** 등으로 무작위 코딩 변경하였다.

2) 데이터 세트에 의하면 변수명은 **졸업년도**이고 그에 대한 레이블(설명)은 단지 **최종 졸업년도**로만 되어 있다. 그러나 각 사례에서 연령 등 인구사회학적 변수 그리고 부, 모 그리고 배우자의 졸업년도 등을 종합한 결과, 이 변수는 교육 수준을 파악하기 위해 학교 재학기간을 의미하는 것으로 추정되었다. 이러한 추정은 이어지는 부, 모 그리고 배우자의 졸업년도에 대해서도 동일하게 적용된다.

대중적 인기를 얻는 것 : ① 매우 중요 ② 2번째 중요 ③ 3번째 중요 ④ 4번째 중요 ⑤ 가장 덜 중요

자립하는 것 : ① 매우 중요 ② 2번째 중요 ③ 3번째 중요 ④ 4번째 중요 ⑤ 가장 덜 중요

열심히 일하는 것 : ① 매우 중요 ② 2번째 중요 ③ 3번째 중요 ④ 4번째 중요 ⑤ 가장 덜 중요

타인을 돕는 것 : ① 매우 중요 ② 2번째 중요 ③ 3번째 중요 ④ 4번째 중요 ⑤ 가장 덜 중요

병원에 갈 만큼 아픔 : ① 예 ② 아니오

정신적 문제로 상담을 받고 있음 : ① 예 ② 아니오

불임/ 아기를 가질 수 없음 : ① 예 ② 아니오

음주문제 : ① 예 ② 아니오

불법 마약(마리화나, 코카인) : ① 예 ② 아니오

파트너(남편, 부인)가 병원에 입원 중 : ① 예 ② 아니오

자녀가 병원에 입원 중 : ① 예 ② 아니오

자녀가 마약 또는 음주문제가 있음 : ① 예 ② 아니오

가까운 친구가 사망했음 : ① 예 ② 아니오

실업상태이거나 한 달 이상 직장을 찾고 있는 중 : ① 예 ② 아니오

강등되었거나 더 나쁜 직위로 이동됨 : ① 예 ② 아니오

감봉되었거나 단축 근무하게 됨 : ① 예 ② 아니오

승진에서 제외됨 : ① 예 ② 아니오

상사와 문제가 있음 : ① 예 ② 아니오

자기사업에서 손해를 보거나 이익이 줄어듦 : ① 예 ② 아니오

파트너(남편, 부인)가 해고됨 : ① 예 ② 아니오

파트너(남편, 부인)가 감봉됨 : ① 예 ② 아니오

배우자가 해고됨 : ① 예 ② 아니오

지난 1년간 가정에서의 문제(1순위) : ① 건강 ② 재정 ③ 기초 서비스의 결핍
④ 가족 ⑤ 개인 ⑥ 기타

지난 1년간 가정에서의 문제(2순위) : ① 건강 ② 재정 ③ 기초 서비스의 결핍
④가족 ⑤ 개인 ⑥ 기타

지난 1년간 가정에서의 문제(3순위) : ① 건강 ② 재정 ③ 기초 서비스의 결핍
④ 가족 ⑤ 개인 ⑥ 기타

지난 1년간 가정에서의 문제(4순위) : ① 건강 ② 재정 ③ 기초 서비스의 결핍
④ 가족 ⑤ 개인 ⑥ 기타

▌데이터 변환 등

본 절에서는 사회과학 통계분석에서 자주 활용되는 **케이스 정렬**과 **케이스 선택** 그리고 **변수 계산**과 **코딩 변경** 등에 대해 알아보고자 한다.

[케이스 정렬]

케이스 정렬은 특정 변수를 변수값의 크기에 따라 순차적으로 정리하여 제시하는 기능이다. SPSS 외에도 엑셀이나 흔글 등에도 이 기능이 있어 널리 활용되고 있다.[3)]

케이스 정렬은 pull down 메뉴인 데이터의 하위메뉴이다. 데이터 메뉴 중 케이스 정렬을 실행하면 ▌그림 3-3▐ 과 같은 대화창이 나온다.

---

3) SPSS에서 케이스 정렬은 여러 가지 용도로 활용될 수 있는데, 데이터 코딩에서의 오류를 파악하고 이를 수정하는 과정 등에서 자주 활용된다.

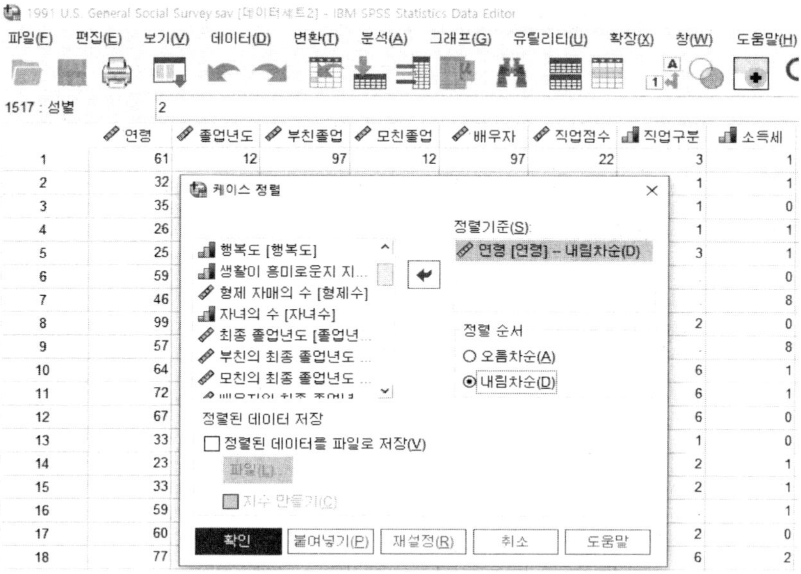

| 그림 3-3 | 케이스 정렬 실행명령의 대화창

케이스 정렬을 위한 기준 변수를 그림에서와 같이 이동하여 지정하면 된다. 정렬 순서는 **오름차순** 또는 **내림차순** 두 가지 방식이 가능하다. 따라서 정렬의 목적에 따라 선택하면 된다. 이와 같이 정렬기준과 그 순서를 지정한 후 확인을 누르면 해당 정렬이 실행된다.

위에서와 같은 정렬을 실행하면 나이가 가장 많은 사례인 89세[4]를 시작으로 하여 나이 순서대로 정리된 데이터 파일을 구할 수 있다.

케이스 정렬은 하나의 변수만이 아니라 여러 개의 변수를 활용하여 복수 정렬을 할 수도 있다. 즉, 우선 **인종**을 구분하여 정렬하고 각각의 인종 집단 내에서 다시 **연령**에 따른 정렬을 실행할 수도 있다.

위와 같은 SPSS pull down 메뉴 외에 보다 간단하게 케이스를 정렬

4) GSS에서 나이 변수는, 0, 98, 99이 이산형 결측값으로 지정되어 있다. 따라서 사례 중 나이가 가장 많은 경우는 99나 98이 아닌 89세이다.

할 수 있는 방법이 있다. 즉, 데이터 보기에서 정렬의 기준이 되는 변수 열을 선택한 후, 오른쪽 버튼을 클릭하면 ❙그림 3-4❙에서와 같이 간편하게 케이스 정렬을 실행할 수 있다. 단, 이 방식은 하나의 변수를 기준으로 할 때에만 활용되고 여러 변수를 기준으로 하는 복수 정렬의 경우에는 그 활용이 불가능하다.

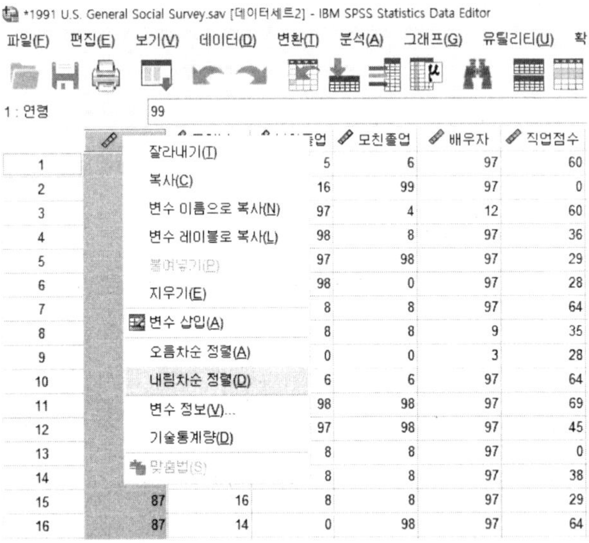

❙그림 3-4❙ 케이스 정렬의 간편 실행명령

[케이스 선택]

데이터 세트에서 일부 사례만을 선택하여 추가 분석을 실시할 수 있다. 일례로 GSS에서 여성만을 대상으로 추가 분석을 실시하는 경우가 있을 수 있다. 즉, 조사 대상 1,517사례 중 남자는 제외하고 여성만을 선택하여 분석을 실시할 수 있는데, 이 경우 활용하는 방법이 케이스 선택이다.

케이스 선택을 실행하기 위해서는 ▌그림 3-5▐ 에서와 같이 데이터 메뉴군 중 **케이스 선택**을 실행하면 된다.

▌그림 3-5▐ 케이스 선택의 SPSS pull down 메뉴

이후 ▌그림 3-6▐ 과 같은 대화창이 열리면 후속 작업을 실행하면 된다.

여성만을 선택하고자 한다면 일정 **조건을 만족하는 케이스**의 선택을 우선 지정한다. 그리고 성별 2로 부호화한 경우가 여성이기 때문에 성별 = 2라는 조건을 입력하고 확인을 누른다.

이러한 일련의 작업을 실행하면 사례 중 성별이 여성인 경우만 선택되고 나머지는 제외된다. 구체적으로 데이터 입력창에서 제외 사례, 즉 남자의 경우에는 그 일련번호에 사선으로 표시된다. 또 해당 케이스 선택의 구체적 내용은 하나의 변수(filter_$)로 요약되어 데이터 보기의 가장 마지막 열에 저장된다.

이후 이 실행을 취소하려면 다시 케이스 선택에서 그 지정을 모든 케이스로 변경하거나 또는 이전 실행의 결과로 생성된 변수(filter_$)를 제거하면 된다.

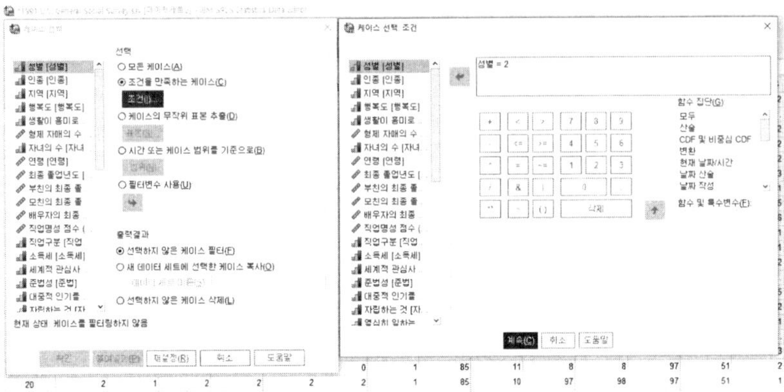

| 그림 3-6 | 케이스 선택 실행명령의 대화창

[변수 계산]

변수 계산(Compute)은 하나의 변수를 산술적으로 조작하여 분석에 필요한 값으로 변환하는 경우, 그리고 다수의 변수들을 산술적으로 조작하여 하나의 값으로 변환하는 경우 등에 쓰인다.

하나의 변수를 산술적으로 조작하여 변환하는 경우를 먼저 알아보고자 한다. 설문에서 나이를 직접 물을 때 어떤 조사대상은 우리 나이를 적을 것이다. 또 어떤 조사대상은 만 나이를 적기도 할 것이다. 물론 혼란을 줄이기 위해 만 나이임을 설문에 명기하기도 하지만 역시 다소간 혼란이 있을 수밖에 없다. 때에 따라서는 자신의 나이를 즉시 답하지 못하는 경우도 종종 있을 수 있다. 따라서 설문에서는 나이를 직접 묻기보다 **출생년도**를 묻는 것이 보다 정확하다.

이러한 맥락에 근거하여 설문에서 정확한 측정을 목적으로 출생년도를 물었다고 가정하자. 이때 측정결과들은 정확한 반면 목적했던 만 나이를 최종적으로 구한 것은 아니다. 따라서 측정값을 계산하여 만 나이를 구해야만 한다.

한 조사대상이 출생년도를 1962라고 답했다고 하자. 이때 최종값인 만 나이 58을 구하기 위해서는 [2021(현재 시점) – 1962(측정값) – 1]이라는 산식을 활용해야 한다. 이와 같이 하나의 변수값을 산술적 조작하여 새로운 변수를 생성하는 방법이 변수 계산이다.

▌그림 3-7▐ 은 출생년도에 근거하여 만 나이를 구하는 변수 계산의 사례를 보여주고 있다.

변수 계산은 pull down 메뉴 **변환**의 하위메뉴이다. **변수 계산**을 누르면 다음 그림에서와 같은 대화창이 나오는데, **목표변수**에 **만 나이**를 직접 입력하고, **숫자표현식**에 출생년도로부터 만 나이를 구하는 산식, 즉 [2020 – **출생년도** – 1]을 입력하면 된다. 입력은 대화창에서 변수명, 계산 부호, 숫자 등을 클릭하거나 직접 입력하면 된다.

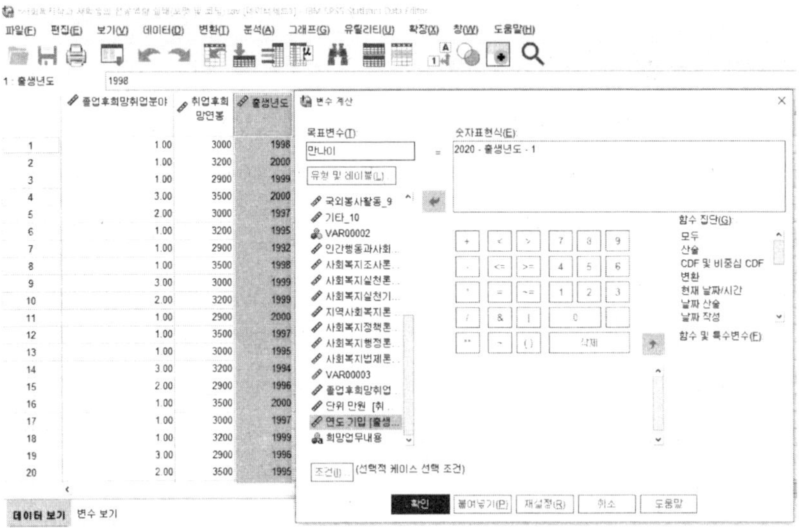

▌그림 3-7▐ 변수 계산 실행명령의 대화창 1

다음으로 다수의 변수들을 산술 조작하여 하나의 변수를 생성하는 경우이다.

흔히 하나의 개념을 여러 개의 하위변수로 구분하여 파악하고, 이들 하위 변수를 종합하여 상위 변수를 구성하는 경우에 변수 계산이 활용된다.

앞 장의 예제 설문[5]에서 인간행동과 사회환경, 사회복지조사론, 사회복지실천론, 사회복지실천기술론, 지역사회복지론, 사회복지정책론, 사회복지행정론, 사회복지법제론 등의 교과목 선호도를 측정하였다. 한편 사회복지 주요 교과목 전체에 대한 선호도는 별도로 파악하지 않았다. 그런데 측정된 변수들이 각각 사회복지 주요 교과목을 구성하는 하위 측면이기 때문에 이들을 종합하면 개념적으로 충분한 의미를 가지

5) 설문 상세 내용은 p. 20 이하 「사회복지학과 재학생의 전공역량 실태」 참조.

는 사회복지 주요 교과목 전체의 선호도가 될 수 있다. 바로 이러한 경우에 사용하는 데이터 변환의 방법이 변수 계산이다.

이 사례에서 사회복지 주요 교과목 전체 선호도는 [인간행동과사회환경선호도 + 사회복지조사론선호도 + 사회복지실천론선호도 + 사회복지실천기술론선호도 + 지역사회복지론선호도 + 사회복지정책론선호도 + 사회복지행정론선호도 + 사회복지법제론선호도]의 산식으로 구할 수 있다.

이때 각 교과목의 선호도는 5점 척도로 측정되었다. 모두 8과목이기 때문에 위와 같이 계산된 사회복지 주요 교과목 전체 선호도는 최소 8점에서 최대 40점 사이에 존재하는 값이 된다.

그런데 이러한 값의 범위는 일반적으로 그 크기를 쉽게 가늠할 수 있는 5점 체계가 아니다. 따라서 그 이해에 상당한 어려움이 있을 수 있다.

한편 위 산술 합을 8로 나눈다면 새로 구하게 된 사회복지 주요 교과목 전체 선호도의 값도 5점을 기준으로 하여 그 크기를 가늠하기가 훨씬 수월해질 수 있다.

이러한 맥락에 따라 사회복지 주요 교과목 전체 선호도를 구하는 최종 산식은 [(인간행동과사회환경선호도 + 사회복지조사론선호도 + 사회복지실천론선호도 + 사회복지실천기술론선호도 + 지역사회복지론선호도 + 사회복지정책론선호도 + 사회복지행정론선호도 + 사회복지법제론선호도)/8]로 설정하는 것이 보다 바람직하다.

위와 같은 사회복지 주요 교과목 전체 선호도를 구하는 사례를 바탕으로 변수 계산에 대해 알아보고자 한다.

변수 계산은 pull down 메뉴 **변환**의 하위메뉴이다. 변환을 누르면 ▌그림 3-8▐ 에서와 같은 대화창이 나오는데, **목표변수**에 **사회복지주요교과**

목전체선호도를 직접 입력하고, 숫자표현식에 이를 구하기 위한 산술 조작 내용을 입력하면 된다. 입력은 대화창에서 변수명, 계산 부호, 숫자 등을 클릭하거나 직접 입력하면 된다.

【그림 3-8】 변수 계산 실행명령의 대화창 2

[코딩 변경]

설문에서는 여러 가지 이유로 문항의 변수값 순서가 결정된다. 예를 들어, 교과목의 선호도를 파악하는 설문에서 높은 선호도를 우선 제시하고 낮은 선호도를 나중에 제시할 수 있다. 물론 그 반대의 순서도 가능하다. 이러한 순서의 결정은 타당한 측정을 위해, 그리고 변수값 구성의 내적 일관성 등에 근거하여 결정하는 것이다.

설문지의 변수값 순서는 코딩 과정에서 그대로 활용된다. 만일 설문지에서 선호도 매우 높음이 먼저 제시되고 선호도 매우 낮음이 마지막으로 제시되었다면, 코딩 과정에서도 선호도가 매우 높은 경우가 1이

되고, 선호도가 매우 낮은 경우가 5가 되는 것이다. 이는 코딩의 편의 또는 오류를 최소화하는 바람직한 방법이다.

그런데 이러한 선호도의 속성은 숫자가 클수록 선호도가 높아진다는 통념과는 배치[6]되어 분석 내용을 설명할 때 다소간의 혼란을 주기도 한다. 특히 다른 변수와의 관계를 파악하는 경우, 이러한 혼란은 더욱 가중된다. 따라서 분석의 전 단계에서 이미 부여된 변수값의 순서를 역으로 변경[7]할 필요가 있는데, 이때 활용하는 방법이 바로 **코딩 변경**이다.

┃그림 3-9┃은 **인간행동과사회환경선호도**의 변수값 체계인 매우 높음 1, 높음 2, 보통 3, 낮음 4, 매우 낮음 5 등을 매우 낮음 1, 낮음 2, 보통 3, 높음 4, 매우 높음 5 등의 새로운 체계로 코딩 변경하고, **인간행동과사회환경선호도_1**이라는 새로운 변수를 생성하는 경우이다.

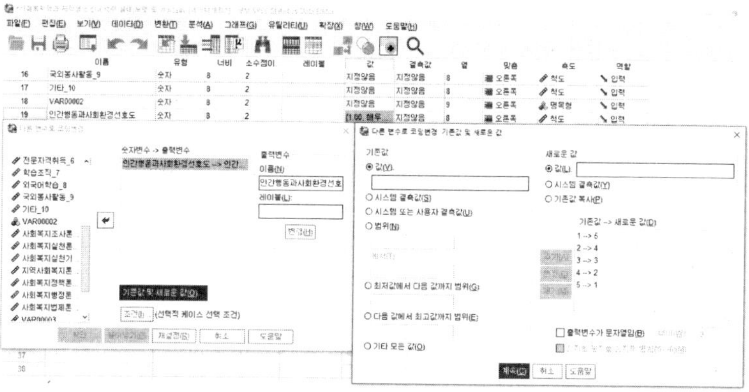

┃그림 3-9┃ 코딩변경 실행명령의 대화창 1

6) 이 경우 선호도의 점수는 1에 가까울수록 선호의 수준이 높은 것이며, 5에 가까울수록 선호도의 수준이 낮아지는 것으로서 변수값은 부적 체계를 가진다.

7) 역으로 변경한다는 것은, **매우 높음**의 경우 기존의 부호가 1이었던 것을 5로, **높음**의 경우 2를 4로, **보통** 3을 3으로, **낮음** 4를 2로, **매우 낮음** 5를 1로 일괄 변경하는 것이다. 이러한 변경에 의해 변수값 체계는 부호의 수가 클수록 선호도가 높아진다로 변환된다.

이외에도 코딩 변경은 다양한 측면에서 활용된다.

만 나이를 파악하였을 때 구해진 측정값은 매우 다양할 것이다. 그런데 이후 분석의 편의를 위해 만 18세 이하를 1, 19세~22세를 2, 23세~25세를 3, 26세~30세를 4, 31세 이상을 5 등으로 새로이 범주화해야 할 때[8]도 있다. 이때도 코딩 변경이 활용된다.

▌그림 3-10▐ 은 만나이를 바탕으로 18세 이하 = 1, 19세~22세 = 2, 23세~25세 = 3, 26세~30세 = 4, 31세 이상 = 5 등으로 코딩 변경하여 연령범주라는 새로운 변수를 생성하는 경우이다.

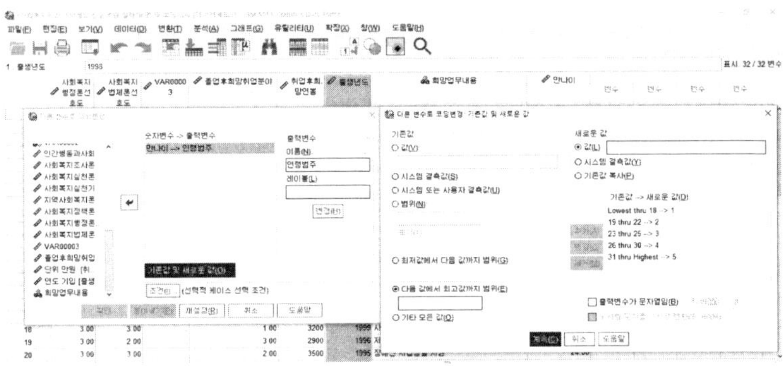

▌그림 3-10▐ 코딩 변경 실행명령의 대화창 2

특정 변수값은 그 빈도가 적기 때문에 이를 재범주화하는 경우에도 코딩 변경을 활용한다.

예를 들어, 학력을 무학 1, 초졸 2, 중졸 3, 고졸 4, 대졸 5, 대학원 6 등으로 파악하였다. 그런데 무학의 빈도가 현저히 적다면, 무학과 초졸을 합하여 초졸 이하로 새로이 명명하여 1로 부호화하고, 중졸 3, 고

---

8) 이러한 연령의 범주화는 조사대상이 대학생임에 근거하여 이른 나이에 학교에 입학한 경우, 일반적 연령대인 경우, 재수 등을 통해 입학한 경우, 다소 늦은 나이에 입학한 경우 그리고 늦은 만학도의 경우 등으로 연령대를 구분한 것이다.

졸 4, 대졸 5, 대학원 6 등으로 코딩 일부를 변경할 수도 있다.[9)10)]

또한 학력을 1부터 6까지의 서열 변수로 측정하기보다는 학교를 다니며 공부한 기간(수학 기간)으로 변환한다면 보다 사실에 근접한 정확한 정보를 얻을 수도 있다. 따라서 무학 1 대신 그 수학 기간을 고려하여 0으로 변환하고, 초졸은 2가 아닌 6, 중졸 3은 9, 고졸 4는 12, 대졸 5는 16, 대학원 졸 6은 18 등으로 변경할 수도 있다.[11)]

코딩 변경은 **같은 변수로 코딩 변경** 그리고 **새로운 변수로 코딩 변경**, 두 가지로 구분된다.

같은 변수로 코딩 변경을 실행하면, 기존의 변수값은 새로운 변수값으로 대체되어 상실된다. 반면 **새로운 변수로 코딩 변경**을 하면, 기존의 변수는 그대로 둔 채 새로운 변수가 생성된다. 따라서 변수의 속성, 그리고 향후의 활용 등을 파악하여 둘 중의 하나를 선택하여야 하는데, **새로운 변수로 코딩 변경**을 일반적으로 권장한다.

데이터 파일의 오류 확인

코딩은 설문결과를 숫자로 옮기는 과정이기 때문에 오류의 가능성이 매우 높다. 따라서 본격적인 통계분석에 앞서 데이터 파일에서의 오류 여부를 확인하고, 오류가 있는 경우 이를 수정해야 한다.

---

9) 부호 2를 제외하고 나머지 부호를 그대로 활용하는 것은 기존 학력의 변수값과의 일관성을 유지함으로써 이후 혼란을 피하기 위함이다.

10) 교차분석에서 기대(관측)빈도가 낮아 유의미한 통계분석을 진행할 수 없을 때, 이와 같은 코딩 변경이 주로 활용된다. p. 125 이하 「**교차분석 유의사항**」 참조.

11) 회귀분석 등에서 보다 사실에 가까운 변수값을 설정하고자 할 때, 이와 같은 코딩 변경이 활용된다. p. 154 이하 「**회귀분석 투입변수**」 등 참조.

데이터 파일의 정확성을 파악하는 가장 기본적인 방법은 각 변수별 빈도를 파악하는 것이다. 특정 변수의 변수값은 보통 몇 개의 숫자로 지정된다. 따라서 이러한 지정된 숫자가 아닌 변수값을 가지는 경우, 오류가 있는 것이다.

예를 들어, 성별의 변수값은 남자 1 그리고 여자 2로 지정되어 있다. 그런데 데이터 파일에서 한 사례의 성별이 3이라는 변수값을 가진다면, 이는 명백한 오류인 것이다. 따라서 이를 원래의 설문지 등을 참조하여 수정해야 한다.

또한 변수값이 몇 개의 숫자로 제한되지 않고 일련의 범위를 가지는 경우도 있다. 예를 들어, 대학생을 대상으로 한 설문에서 나이를 묻는 문항이 있다고 가정하면, 그 변수의 값은 20대 초반에 집중됨을 추정할 수 있다. 그런데 특정 사례의 나이가 20대를 벗어나 30, 40대 심지어 60대의 경우마저 있다면, 이에 대해서는 다른 참조 가능한 변수를 고려하여 그 정확성을 확인하여야 한다. 만일 다른 변수의 참조로 그 정확성 여부의 판단이 곤란하다면, 원래의 설문지를 참조하여 반드시 수정하여야 한다.

제4장

통계분석의 기초

제4장 통계분석의 기초

변수의 속성

변수는 측정의 수준에 따라 다음과 같은 네 가지의 유형으로 구분된다.

[명목변수]

명목변수는 양적이라기보다 질적인 것이기 때문에 범주에 부여된 숫자는 수로서 의미가 없고, 단지 분류의 의미만을 가지는 척도이다. 측정결과는 대상 간 같다 또는 다르다를 나타낸다.

[서열변수]

서열변수는 변수를 상호관계의 범주 속에 배치하는 척도이다 측정결과는 대상 간 보다 크다, 같다, 보다 작다 등을 나타낸다.

[등간변수]

등간변수는 일정한 간격의 연속선상에 배치하는 척도이다. 측정결과는 대상 간 얼마나 크다, 얼마나 작다, 같다 등을 나타낸다.

[비율변수]

비율변수는 절대영점 또는 자연영점을 가짐에 따라 각 측정 간 모든 산술 조작이 가능한 척도이다. 영점이란 해당 성질이 전혀 없는 상태를 의미한다. 측정결과는 대상 간 몇 %만큼 크다 또는 몇 %만큼 작다, 같다 등 정확한 비율적 차이를 나타낸다.

앞서 설명한 바와 같이 명목변수의 경우, 부호는 수로서 아무런 의미가 없다.

일례로 조사대상의 종교를 파악하여 교회 1, 성당 2, 절 3, 기타 종교 4, 그리고 종교 없음 5 등으로 부호화하였다고 가정하자. 이때 부호와 실제 사이에는 아무런 의미 있는 연관이 존재하지 않는다. 단지 측정결과가 서로 같은지 또는 다른지만 분류하였을 뿐이다. 이러한 특성으로 인해 명목변수는 질적변수라 한다.

반면 비율변수, 등간변수, 서열변수[1] 등의 경우에는 부호와 그 실제 사이에 의미 있는 연관이 존재한다. 즉, 측정결과인 부호는 수 자체로서 의미를 가지고, 실제를 잘 반영하고 있으며, 여러 산술 조작이 이루

---

1) 서열변수의 경우, 숫자가 일정 의미를 가지기는 하지만 이는 절대적인 수의 의미라기보다는 다른 수와의 비교를 통해 크다, 같다, 작다 등을 나타내는 상대적인 수를 의미한다. 따라서 엄격한 의미에서 양적변수는 아니라고 할 수 있다. 그러나 사회과학 통계분석에서 여러 가지 산술 조작을 통해 서열변수를 양적변수의 하나로 간주한다.

어질 수 있다. 이와 같이 측정결과인 부호가 수로서 의미를 가지는 경우를 양적변수라 한다.

질적변수와 양적변수의 구분 사례

앞서 설명한 바와 같이 변수는 변수값의 속성에 따라 크게 양적변수 또는 질적변수로 구분된다.

구분의 근거는 변수값이 수로서 의미를 가지는지의 여부이다. 즉, 변수값이 일정 체계를 가지고 일직선 위의 연속선상에 존재하여 각 값의 크기를 상호 비교할 수 있는지, 그리고 각 값들의 평균이 일정 의미를 가지는 지의 여부이다.

이러한 변수의 구분은 이후 활용할 수 있는 통계방법을 결정하기 때문에 매우 중요한 의미를 가진다. 따라서 본 절에서는 앞 장의 예제 설문[2)]의 각 변수들을 질적 또는 양적으로 구분함으로써 관련 상세 내용을 알아보고자 한다.

성별 : 질적변수

성별은 남자 1, 여자 2 등으로 부호화하였다.

성별을 나타내는 수 1과 2는 수로서 그 의미가 전혀 없고 단지 서로 같다, 다르다는 구분으로서 의미를 가진다.

종교 : 질적변수

종교는 교회 1, 성당 2, 절 3, 기타 4, 종교 없음 5 등으로 부호화하

2) 설문 상세 내용은 p. 20 이하 「사회복지학과 재학생의 전공역량 실태」 참조.

였다. 종교를 나타내는 1~5는 수로서 그 의미가 전혀 없고 단지 서로 같다, 다르다의 구분으로서 의미를 가진다.

학년 : 질적변수

학년은 1학년 1, 2학년 2, 3학년 3, 4학년 4, 대학원생 5 등으로 부호화하였다. 학년을 나타내는 1~5는 수로서의 그 의미가 거의 없고 서로 같다, 다르다의 구분으로서 의미를 가진다.

학년의 경우 1~5까지 다소간 서열이 존재한다고 할 수도 있다. 그러나 평균을 산출하였다고 할 때 그 의미는 불명료하다. 예를 들어, 평균이 4.3인 경우, 그 의미가 4학년과 대학원생 사이에서 4학년에 다소 가깝다고 추정할 수 있지만, 이는 실제에서 사용하지 않는 다소 무리가 있는 수치이다.

사회복지 전공 선택의 주된 이유 : 질적변수

사회복지 전공 선택의 주된 이유는 본인의 흥미와 적성의 경우 1, 졸업 후 취업 유리 2, 부모님의 권유 3, 학교 선생님의 권유 4, 선배 및 친구 등의 권유 5, 인터넷이나 대중매체(TV, 신문 등)의 홍보 6, 기타 7 등으로 부호화하였다. 사회복지 전공 선택의 주된 이유를 나타내는 1~7은 수로서 그 의미가 전혀 없고 단지 서로 같다, 다르다의 구분으로서 의미를 가진다.

사회복지 전문경력 개발을 위한 과외활동 : 질적변수/ 양적변수

사회복지 전문경력 개발을 위한 과외활동은 10개의 변수값을 각각 가변수로 처리하여 경험한 경우 1, 경험하지 않은 경우 빈칸으로 처리하였다. 이때 빈칸은 시스템에 의해 결측으로 처리되어 분석에서 제외되고, 1로 부호화한 경우만 유효 사례로 처리된다.

가변수 처리된 각 과외활동의 변수값은 1만 있는데, 이는 수로서 그 의미가 전혀 없으며, 단지 경험이 있음을 나타낸다. 따라서 이 변수는 질적변수라 할 수 있다.

한데 이와 같은 값을 경험한 경우 1, 경험하지 않은 경우 0으로 재부호화 한다면, 이는 경험의 유무를 1과 0으로 나타내기 때문에 양적변수로 변환되었다고 할 수 있다.

사회복지 주요 교과목에 대한 선호도 : 양적변수

사회복지 주요 교과목에 대한 선호도는 매우 높은 경우 1, 높은 경우 2, 보통 3, 낮음 4, 매우 낮음 5 등으로 부호화하였다. 각 과목의 선호도를 나타내는 1~5는 일정한 변수값 체계를 바탕으로 수로서 적정 의미를 가진다. 즉, 5점을 기준으로 하여 특정 개념을 측정한 것이다. 이러한 속성으로 인해 평균값을 산출하고, 이를 적절하게 활용할 수 있다.

졸업 후 희망하는 취업 분야 : 질적변수

졸업 후 희망하는 취업 분야는 각종 복지관 1, 사회복지 생활시설 2, 사회복지직 공무원 3, 사회복지 관련 단체 4, 일반 취업 5, 기타 6 등으로 부호화하였다. 졸업 후 희망하는 취업 분야를 나타내는 1~5는 수로서 그 의미가 전혀 없고, 단지 서로 같다, 다르다의 구분으로서 의미를 가진다.

취업 후 희망하는 연봉 : 양적변수

취업 후 희망하는 연봉은 연간 받고자 하는 의중 임금을 만 원 단위로 파악하였다. 취업 후 희망하는 연봉을 나타내는 수는 매우 다양하게 나타날 수 있다. 이는 실생활에서 통용되기 단위에 근거하는 수로서 매우 정확한 사실성을 가지며, 평균 등 각종 통계값을 정확하게 산출할 수 있다.

출생년도 : 질적변수 → 양적변수

출생년도는 자신이 태어난 때를 연단위로 파악하였다.

출생년도를 나타내는 수는 조사대상의 연령 구성에 따라 다양하게 나타난다. 이때의 수는 다소간의 서열이 있다고 볼 수도 있다. 그러나 평균을 산출하였다고 할 때, 그 의미는 불명료하다. 예를 들어, 평균이 2001.43인 경우, 그 의미는 2001년과 2002년 사이에서 2001년에 다소 가깝다고 추정할 수 있지만 이는 실제에서 사용하지 않는 다소 무리가 있는 수치이다. 따라서 출생년도는 질적변수라 할 수 있다.

출생년도를 변수 계산에 의해 나이로 변환한다면 이는 실생활에서 통용되는 수로서 매우 정확한 사실성을 가지게 되며, 평균 등 각종 통계값을 산출하여 활용할 수 있다. 따라서 나이는 양적변수라 할 수 있다.

취업후 희망하는 업무내용 : 문자변수

취업 후 희망하는 업무 내용은 수가 아닌 문자로 구성되는 문자변수이다.

변수의 속성과 통계방법

변수를 질적변수 또는 양적변수로 구분하는 것은 이후 통계 분석에 있어 매우 중요하다. 만일 변수가 질적변수인 경우, 단지 분류의 의미만 있기 때문에 활용하는 통계방법이 제한적일 수밖에 없다. 반면 양적 변수인 경우, 수의 크기로 변수의 내용이 나타나기 때문에 거의 모든 통계방법이 활용될 수 있다.

단위변수를 요약할 때, 질적변수는 빈도분석을 사용한다. 반면 양적 변수인 경우에는 대체로 기술통계를 사용하며 때에 따라 빈도분석을 사용할 수도 있다.

변수간의 관계를 나타내는 경우에도 질적변수와 질적변수, 질적변수와 양적변수, 양적변수와 양적변수 등 조합 내용에 따라 각각 활용하는 통계방법이 다르다. 즉, 질적변수와 질적변수의 관계인 경우에 교차분석이 활용되며, 질적변수와 양적변수인 경우에 독립표본 T검정 또는 일원배치 분산분석, 그리고 양적변수와 양적변수인 경우에 상관분석 또는 회귀분석 등이 활용된다.

통계 분석의 기본 태도

통계의 활용과 관련하여 자동차에 관한 유추를 자주 언급하곤 한다.

우리 대부분은 자동차의 구조와 기능, 작동 원리, 수리 등에 대해 잘 알지 못한다. 물론 중·고등학교 시절, 기술 교과목에서 자동차 구조 및 작동 원리를 배우기도 했을 것이다. 또 자동차 간이 점검과 관련한 주요 수치 등도 외웠을 것이다. 하지만 누가 이를 기억하고, 또 실제에 활용하고 있을까? 관련 전문가가 아니라면 이를 정확히 기억하고 활용하는 경우는 거의 없을 것이다.

구조나 원리 등에 대한 전문 지식은 자동차에 이상이 있을 경우에 필요하다. 즉, 자동차에 대한 전문적 지식이 있다면 차의 이상에 대해 적의 대처할 수 있다. 그러나 전문적 지식이 없이 뜻하지 않은 고장에 직면하였다 하여도 크게 걱정할 필요가 없다. 왜냐하면 주변의 자동차 전문가로부터 손쉽게 도움을 청할 수 있기 때문이다.

자동차와 관련하여 우리에게 필요한 것은 자동차의 구조나 원리에 대한 이해가 아니다. 이는 온전히 전문가의 몫일 뿐이다. 우리는 그저 간단한 조작 등으로 자동차를 이용하면 그만이다.

자동차에 대한 전문지식이 부족하여 자동차를 이용하지 못하는 사람이 과연 있을까? 자동차에 대한 전문지식이 없이 그저 간단한 조작만으로 자동차를 생활의 여러 측면에서 효과적으로 이용할 수 있듯이 통계도 마찬가지이다.

통계 원리는 평균 또는 표준편차 등에서 시작하여 분산, 변량, 공분산, 상관계수, 회귀계수 등등 매우 복잡하다. 이와 관련하여 M, SD, $\int$, Σ 등의 기호는 예전 수학에 대한 공포를 불러일으킬 정도이다.

각종 원리를 통해 통계값이 산출되기에 이러한 원리를 숙지하는 것이 반드시 필수적일까? 물론 원리를 이해하면 더 한층 탁월하게 통계를 이용할 수도 있을 것이다. 그러나 사회과학 방법론으로 통계를 이용한다면 굳이 그 원리까지 철저하게 이해할 필요는 없다. 단지 산출된 수치를 적절하게 이용하면 그만이다. 마치 자동차의 구조나 원리를 모른 채 단순 조작만으로도 자동차를 충분히 이용할 수 있듯이.

각 통계방법의 원리나 통계값 산출 방식 등은 통계학을 전공하거나 연구하는 전문가의 영역일 뿐이다. 우리는 주요 통계방법을 자신의 연구나 분석에서 편리하게 이용하면 된다. 분석하고자 하는 내용에 적합한 통계방법을 채택하고, 그 활용방식에 따라 응용하면 그만이다.

물론 적합한 분석방법을 채택하지 못하였거나 또는 분석 과정과 관련하여 궁지에 처할 수도 있다. 그렇다고 이를 위한 목적에서 통계 원리를 완벽하게 숙지할 필요는 전혀 없다. 왜냐하면 통계를 이용하는 우리로서는 충분히 이용을 하되, 만일 해결하기 힘든 문제가 생긴다면 주변 전문가를 적절히 활용하면 된다. 통계학에 대한 전문지식 없이 누구든 통계를 충분히 활용할 수 있는 것이다.

통계의 기본 원리

통계학의 기본 원리를 간략히 설명하는 것은 매우 어렵다. 그러나 하나의 사례를 통해 우리가 반드시 기억해야 할 통계학의 기본 원리 및 개념 등을 알아보고자 한다.

아래 표는 A반과 B반 수학과 영어의 기말고사 성적을 비교한 것이다.

A반 수학 평균은 82.2점이고 B반 평균은 89.5로, 그 차이는 7.3점으로 나타났다.

한편 A반 영어 평균은 81.9점이고 B반 평균은 84.8로, 그 차이는 2.9점으로 나타났다.

이러한 두 반 시험 성적의 단순 차이에 의할 때, 수학은 B반이 A반보다 성적이 훨씬 좋으며, 영어는 B반이 A반보다 성적은 높지만 큰 차이가 아니라고 할 수 있다.

〈표 4-1〉 A반과 B반의 수학 그리고 영어 성적

반	번호	수학 점수	반	번호	수학 점수
A반	1	54	B반	1	64
A반	2	63	B반	2	73
A반	3	73	B반	3	86
A반	4	78	B반	4	87
A반	5	78	B반	5	88
A반	6	82	B반	6	88
A반	7	90	B반	7	92
A반	8	89	B반	8	97
A반	9	95	B반	9	97
A반	10	93	B반	10	97
A반	11	91	B반	11	97
A반	12	92	B반	12	99
A반	13	90	B반	13	99
A반 수학점수 평균		82.2	B반 수학점수 평균		89.5

반	번호	영어 점수	반	번호	영어 점수
A반	1	81	B반	1	85
A반	2	85	B반	2	86
A반	3	82	B반	3	86
A반	4	79	B반	4	87
A반	5	78	B반	5	86
A반	6	85	B반	6	83
A반	7	79	B반	7	87
A반	8	86	B반	8	83
A반	9	84	B반	9	84
A반	10	81	B반	10	83
A반	11	80	B반	11	85
A반	12	83	B반	12	84
A반	13	82	B반	13	83`
A반 영어점수 평균		81.9	B반 영어점수 평균		84.8

두 반의 평균 차이를 바탕으로 한 위와 같은 결론이 과연 타당한 것일까? ▌그림 4-1▐ 과 ▌그림 4-2▐ 를 통해 그 타당성에 대해 살펴보고자 한다.

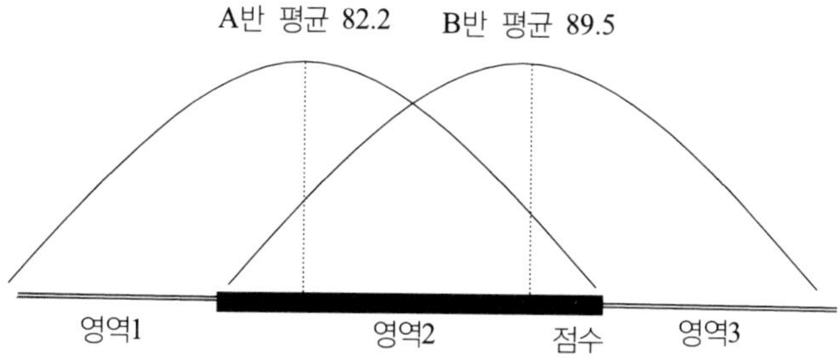

▌그림 4-1▐ A반과 B반의 수학점수 분포

▌그림 4-1▐ 은 A반과 B반의 수학점수 분포를 나타낸 곡선이다. 평균의 차이가 7.3점으로 두 반의 점수에 큰 차이가 있는 것으로 보인다. 그러나 위의 그림에 의하면 B반이 A반보다 성적이 좋다고 하기에 다소 혼란스러운 부분이 너무 크다.

그림의 영역 1과 영역 3만 있다면 분명 B반의 점수가 A반의 점수보다 높다고 할 수 있다. 한데 영역 2가 상당히 많은 부분을 차지하고 있는데, 이 영역에서는 B반 성적과 A반 성적의 우열을 단정적으로 가릴 수가 없다.

영역 2가 전체의 약 40% 가량이라고 가정하자. 그러면 영역 1과 영역 3의 합계는 60%가 된다. 이 경우 60%에 해당하는 영역 1과 3의 범위에서만 B반이 A반보다 성적이 좋다고 단언할 수 있다. 반면 40%에 이르는 영역 2에서는 B반이 A반보다 성적이 좋다고 할 아무런 근거가 없게 된다.

즉, 오류의 가능성이 40%로 매우 크기 때문에 B반이 A반보다 수학 성적이 좋다고 할 수 없는 것이다.

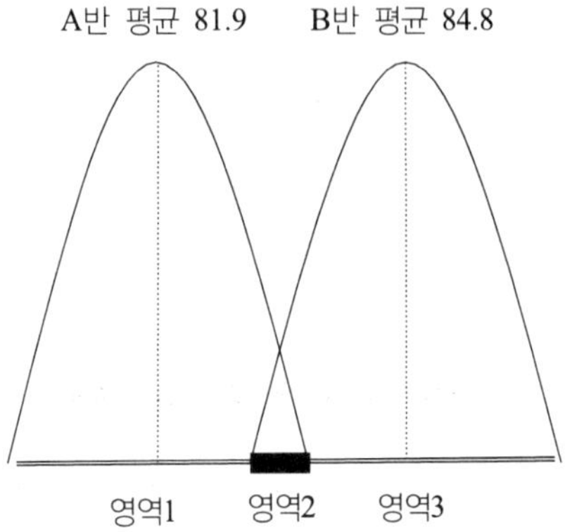

▌그림 4-2▐ A반과 B반의 영어점수 분포

한편 ▌그림 4-2▐는 A반과 B반의 영어점수 분포를 나타낸 곡선이다. 평균의 차이는 2.9에 불과하다. 평균만으로 볼 때, 두 반 사이에 큰 차이가 없는 것으로 보인다. 그러나 두 집단의 점수의 분포에 의하면 B반의 성적이 확실히 우위에 있다고 할 수 있는 부분, 즉 영역 1과 영역 3의 비중이 매우 크다. 반면 두 집단의 우위를 단정할 수 없는 영역 2의 부분은 상대적으로 매우 작다고 할 수 있다.

영역 2가 전체의 5%라고 가정하면, 5% 내에서는 두 반의 영어 성적 차이를 단정할 수 없다. 그러나 나머지 95%의 범위 내에서는 B반이 A반보다 성적이 좋다고 단언할 수 있다. 따라서 B반이 A반보다 영어성적이 좋다고 할 수 있는 것이며 이때의 오류 가능성은 5% 이내가 될 것이다.

이와 같이 평균의 단순 차이만을 가지고 집단의 우열을 정확히 파악하기는 힘들다. 반면 각 집단의 점수 분포 등을 참조한다면 집단 간 차이를 보다 정확하게 가늠할 수 있을 것이다.[3)]

꼭 알아야 하는 통계 개념

앞의 내용은 두 집단 간 평균의 차이를 통계학적으로 설명하기 위하여 지나치게 단순화한 결과라고 할 수 있다. 그러나 이는 통계의 기본 원리를 이해하는 간단한 사례가 될 수 있다.

두 집단 간 평균의 차이를 파악하는 주요 통계 원리는 분산 또는 표준편차 등에 근거한다. 따라서 아래에서 이러한 통계의 기본 개념 등에 대해 간략히 살펴보고자 한다.

[평균]

어떤 집단에 대한 전체적 이해를 위해 가장 많이 사용하는 통계값이 평균이다. 평균은 특정 값의 총합을 집단의 구성 수로 나누는 것이다.

예를 들어, 어떤 반의 시험 점수 평균을 구한다고 하자. 시험 점수가 각각 98점, 90점, 86점, 70점, 66점, 54점, 42점이라면, 이때 평균은 전체 총합 490점(98점 + 90점 + 86점 + 70점 + 66점 + 54점 + 42점)을 집단 구성수인 7로 나눈 값, 즉 70점이다.

---

3) 이러한 맥락에 근거하는 통계방법이 앞으로 학습하게 될 독립표본 T검정이다. 관련 상세 내용은 p.106 이하 **독립표본 T검정** 참조.

[분산과 표준편차]

단위 점수가 평균으로부터 흩어져 있는 정도를 파악하기 위해 단위 점수와 평균의 차이를 활용할 수 있다. 즉, 98점은 평균에서 28점 떨어져 있고, 90점은 평균에서 20점 떨어져 있다. 이러한 방식으로 각 단위 점수가 평균에서 벗어나 있는 정도, 즉 편차를 구할 수 있는데, 위의 사례에서 편차는 28, 20, 16, 0, −16, −20, −28 등이다.

한데 전체적으로 단위 점수들이 평균에서 어느 정도 흩어져 있는지를 파악하기 위해 편차의 산술평균을 활용하는 것은 불가능하다. 왜냐하면 편차는 평균을 기준으로 음과 양으로 이분되어 단순 합이 0이 되기 때문이다. 따라서 모든 값이 평균에서 벗어난 정도를 파악하기 위해서 그 합이 0이 되는 편차의 산술평균이 아닌 다른 통계값이 요구된다고 할 수 있다.

이와 관련하여 통계학에서 가장 많이 활용하는 통계값은 각 단위 점수가 평균에서 벗어난 정도(편차)를 제곱하여 합하는 것이다. 구체적으로 위의 사례에서 편차, 28, 20, 16, 0, −16, −20, −28을 각각 제곱하여 얻은 값, 784, 400, 256, 0, 256, 400, 784 등을 모두 더하여 2880을 구하고 이를 다시 집단 구성수로 나눈 결과, 즉 2880/7 = 411.428을 구할 수 있는데, 이 값이 바로 분산[4]이다.

그리고 이 분산의 제곱근 20.2837이 표준편차이다.

---

4) 분산을 수식으로 표현하면 $\Sigma(x_n - M)^2/n = [(x_1 - M)^2 + (x_2 - M)^2 + (x_3 - M)^2 + \cdots + (x_n - M)^2]/n$이다.

[평균과 표준편차]

통계학에서 평균은 반드시 표준편차와 함께 제시되어야 한다. 위의 예에서 시험 점수의 평균을 제시할 때, 반드시 70.0(± 20.28)점으로 표현하여야 한다.

그리고 이를 통해 조사대상의 대부분은 평균에서 표준편차를 뺀 49.72로부터 평균에 표준편차를 더한 90.28 사이에 존재함을 파악할 수 있어야 한다.[5)]

[가설 검증의 오류]

통계방법은 수로서 구성된 자료를 산술조작함으로써 가설을 검증하는 체계적 방법이다. 따라서 가설 검증과 관련한 오류의 가능성이 늘 있기 때문에 이에 유의하여야 한다.

실제로는 참인 가설을 검증 과정에서 채택하는 경우에는 문제가 없다. 또 실제로는 거짓인 가설을 기각하는 경우도 문제가 없다.

그러나 참인 가설을 기각하는 경우(제2종 오류), 그리고 거짓인 가설을 채택하는 경우(제1종 오류), 이는 명백한 오류이다. 제1종 오류와 제2종 오류를 단순 사례를 통해 쉽게 구분하고자 한다.

신약의 효과를 검증한다고 가정하자. 실제 약은 효과가 있는데 검증 과정에서 효과가 없다고 판정하여 오류가 발생하였다. 이때 그 오류로 인한 파장은 약을 구매하지 않은 것으로, 그다지 큰 문제는 발생하지 않았다고 할 수 있다. 오류의 파장이 상대적으로 작기 때문에 이를 제2

---

5) 정규분포를 전제로 **평균 ± 2 × 표준편차**로 신뢰구간을 확대하면, 전체의 95%가 여기에 포함되며, **평균 ± 3 × 표준편차**로 확대하면, 전체의 99%가 포함된다.

종 오류라 한다.

한편 실제 약은 효과가 없는데 검증 과정에서 효과가 있다고 판정하여 오류가 발생하였다. 이때 그 오류로 인한 파장은 효과도 없는 약을 구매하여 환자에게 투약한 것으로, 자칫 치명적인 결과로 나아갈 수도 있다. 이 경우 오류로 인한 파장이 상대적으로 크기 때문에 이를 제1종 오류라 한다.[6)]

오류에 대처하는 방법도 제1종과 제2종이 서로 다르다. 제1종 오류에 대처하는 방법은 검증의 유의 수준을 낮추는 것이다. 즉, 가설 검증 과정에서 용인되는 오류의 수준을 보다 낮춤으로써 오류 발생을 최소화하는 것이다.

신약 사례를 통해 유의수준을 낮추는 대처방법에 대해 살펴보자. 검증 과정에서 유의수준을 0.1로 설정했다면, 검증 오류의 발생 가능성은 10%이다. 따라서 오류의 발생을 줄이고자 검증 유의수준을 .05(5% 오류 가능), .01(1% 오류 가능), .001(0.1% 오류 가능) 등으로 낮추어 보다 엄격한 검증을 실시해야 한다.

제2종 오류에 대처하는 방법은 조사대상을 확대하여 통계학적 검증력을 높이는 것이다.

역시 신약 사례를 통해 구체적인 내용을 살펴보자. 사실 약은 효과가

---

6) 각종 시험에서 난이도가 가장 높은 문제의 하나로 제1종 오류 및 제2종 오류의 문제가 출제되기도 한다. 이 경우에도 위에서와 같은 신약의 효과 검증 사례를 응용하면 쉽게 문제를 풀 수 있다.
예를 들어 영가설이 사실임에도 이를 채택하지 않은 경우, 어떤 오류가 발생할 수 있는가라는 문제가 출제되었다고 하자. 이 경우 영가설은 약효가 없다는 것이고, 영가설을 채택하지 않은 것은 영가설을 기각했다는 의미이다. 따라서 약효가 없음에도(영가설 사실), 약을 구매했다는 의미이다[약효 없음(영가설)의 기각]. 따라서 1종 오류에 해당한다.
한편 문제 기술에 영가설이 아닌 연구가설이 언급되는 경우도 있다. 이때 연구가설은 약효가 있다는 의미임에 유의하여 문제를 풀이하면 된다.

있는데 약효를 나타내지 않은 사례가 표본으로 과다표집되어 검증결과가 왜곡된 경우이다. 따라서 조사대상을 확대하면, 당연히 실제 약효를 나타낸 다수 사례가 자연스레 표본에 포함될 것이고 신약이 효과가 있다는 가설은 검증될 수 있는 것이다.

제5장

단위변수의 통계분석

제5장 단위변수의 통계분석

단위변수의 통계분석

하나의 변수를 일목요연하게 요약하는 통계방법으로는 빈도분석과 기술통계 등이 있다.

빈도분석은 정의된 변수값별로 빈도, 백분율, 그리고 누적 백분율 등을 제시하는 방법이다.

반면 **기술통계**는 빈도로 요약하기보다는 평균 및 표준편차 등으로 간략하게 요약하는 방법이다.

질적변수는 빈도분석으로 요약한다. 즉, 각 변수값에 해당하는 빈도와 백분율로서 통계 결과를 제시한다.

예를 들어, 조사대상자의 **종교**[1]는 불교 13.7%(68건), 천주교 20.6%(102건), 개신교 34.3%(170건), 종교 없음 22.2%(110건), 기타 9.1%(45건) 등으로 요약될 수 있다.

---

1) 이 결과는 저자의 학습 카페(http://cafe.daum.net/johnkl) SPSS학습자료 중 「수원시 어르신 생활실태.sav」에 근거한다.

물론 종교의 경우에도 통계에 의해 기술통계의 결과를 구할 수는 있다. 위와 같은 빈도를 가질 때, 종교의 기술통계는 평균 2.92, 표준편차 1.157이다. 그런데 그 의미는 무엇일까? 조사대상자의 종교가 천주교(2)와 개신교(3) 사이에 존재한다는 것인데, 이는 아무런 의미도 없다. 왜냐하면 종교라는 변수는 질적변수로서 그 부호인 숫자는 단순 분류일 뿐 수로서 그 의미가 전혀 없기 때문이다.

한편 나이 등의 양적변수인 경우, 변수값(여러 나이)을 제시하고 이의 빈도를 표현한다면, 통계 결과의 분량이 지나치게 많을 수 있다.

예를 들어, 18세부터 89세까지 다양한 연령층이 조사된 GSS[2)]에서 각 나이에 해당하는 빈도 및 퍼센트를 각각 적을 수도 있다. 구체적으로 18세 0.2%(3명), 19세 0.6%(9명), 20세 1.2%(18명) 등으로 나이를 89세까지 적고 해당 퍼센트를 적을 수도 있다. 그러나 이것이 나이라는 하나의 변수를 의미 있게 요약하는 것일까? 이 경우 굳이 빈도를 활용하기보다는 나이의 기술통계, 즉 평균과 표준편차 등을 활용함으로써 조사대상자의 나이에 대한 전반적 이해가 가능하다.

이 사례에서 연령에 대한 기술통계는 평균 45.63세, 표준편차 17.808이다. 이 경우 조사대상의 나이 평균은 45.65(±17.808)로 표현되는데, 조사대상 대부분이 27.842세에서 63.458세 사이[3)]에 존재함을 의미한다.

이와 같이 단위변수를 통계학적으로 요약하는 방법은 변수의 속성에 따라 질적변수인 경우 빈도분석, 그리고 양적변수인 경우 기술통계를 주로 활용한다.

---

2) GSS의 상세 내용은 p.39 이하 「데이터 세트의 이해」 참조.

3) 이 범위는 **평균−표준편차** 부터 **평균+표준편차** 까지이다.

▌빈도분석

빈도분석은 성별, 종교 등과 같은 질적변수를 요약·제시하는 통계방법이다.

[실행][4)]

SPSS pull down 메뉴 **분석**에서 하위 메뉴 **기술통계량** 중 **빈도분석**을 실행한다(그림 5-1 참조).

▌그림 5-1▐ 빈도분석의 SPSS pull down 메뉴

이후 ▌그림 5-2▐ 와 같은 **빈도분석** 대화창이 실행되면 왼쪽 변수목록 중 분석하고자 하는 변수를 지정하면 된다.

---

4) 본 절의 통계결과는 저자의 학습 카페(http://cafe.daum.net/johnkl) SPSS 학습자료 중 「수원시 어르신 생활실태.sav」에 근거한다.

변수를 지정하는 방법은 변수 목록에서 분석하고자 하는 변수를 마우스로 두 번 클릭하거나 또는 역상으로 바꾼 후 옆의 화살표 버튼을 누르면 된다.

물론 변수는 여러 개를 동시에 선택할 수도 있다. 이를 위해서는 선택하고자하는 변수들을 Ctrl+**마우스 왼쪽 버튼**을 눌러 각각 선택하거나 마우스 왼쪽 버튼을 누른 상태에서 드래그(drag)함으로써 다수 변수를 선택할 수도 있다.

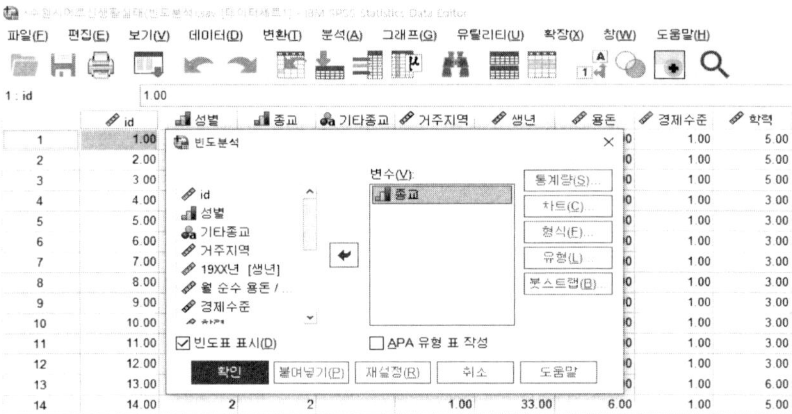

| 그림 5-2 | 빈도분석 실행명령의 대화창

대화창 오른편에 **통계량, 차트, 형식** 등의 버튼이 있는데, 이를 누른 후 다양한 옵션을 선택할 수도 있다. 그러나 굳이 다른 방식의 옵션을 지정하지 않아도 된다. 왜냐하면 자동으로 설정된 옵션이 가장 일반적이기 때문이다. 단, 일부 특별한 의도가 있는 경우, 해당 버튼을 누르고 옵션을 변경할 수도 있다.

[분석결과]

분석 변수를 선택하여 빈도분석 대화창 아래의 **확인** 버튼을 누르면 해당 변수의 통계분석이 즉각적으로 실행된다. 그리고 그 결과물은 또 다른 컴퓨터 화면 창에 ▌그림 5-3▐ 과 같이 표시된다.

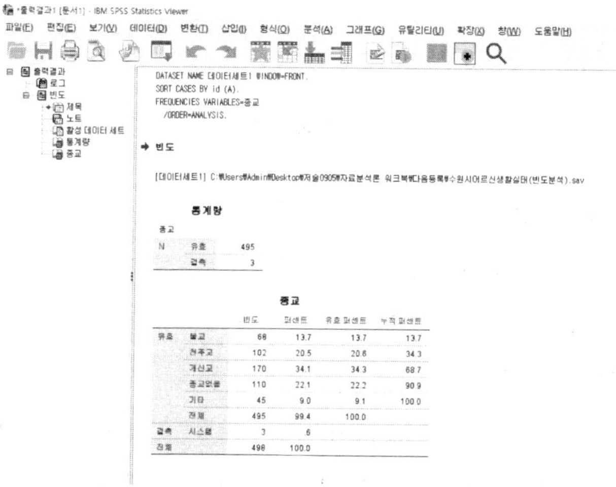

▌그림 5-3▐ 빈도분석 통계분석의 결과 1

▌그림 5-3▐ 은 하나의 변수를 선택하여 빈도분석을 실시한 결과이다. 분석결과를 나타내는 아웃 파일은 두 개의 창으로 구성되어 있다. 먼저 왼쪽 창에는 실행된 분석의 명칭 그리고 그 분석에 따른 하위과정이 폴더 형식으로 제시되어 있다.

한편 오른쪽 창에는 해당 분석의 상세 내용이 제시되어 있다. 따라서 왼쪽 창의 폴더에서 보고자 하는 통계분석이나 그 하위과정을 선택하면 오른쪽 창에서 선택 결과의 상세 내용을 확인할 수 있다.

통계량

종교

N	유효	495
	결측	3

종교

		빈도	퍼센트	유효 퍼센트	누적 퍼센트
유효	불교	68	13.7	13.7	13.7
	천주교	102	20.5	20.6	34.3
	개신교	170	34.1	34.3	68.7
	종교없음	110	22.1	22.2	90.9
	기타	45	9.0	9.1	100.0
	전체	495	99.4	100.0	
결측	시스템	3	.6		
전체		498	100.0		

▌그림 5-4▐ 빈도분석 통계분석의 결과 2

빈도분석의 결과는 그 순서 및 형식이 동일하다.

먼저 **통계량**이 제시되고, 연이어 변수명(종교)으로 빈도표가 제시된다. 통계량에서는 분석된 **유효** 건수가 표시되고 이후 실제 분석에서 제외된 **결측** 건수가 표시된다. ▌그림 5-4▐에서 통계량이 가지는 의미는 전체 498건 중 변수값이 측정되어 실제 분석에 활용된 유효사례는 495건이고, 변수값이 측정되지 않은 결측 사례가 3건임을 의미한다.

이어 변수명(종교)으로 제시된 표가 최종적으로 통계에 활용되는 결과이다. 표에서 각 행은 변수의 구체적인 값을 나타낸다. 여기서는 **불교, 천주교, 개신교, 종교 없음, 기타** 등으로 나열되어 있다. 다음 행의 시스템 **결측**은 응답을 하지 않아 빈칸으로 처리된 경우로서 시스템이 자동적으로 결측 처리한 사례의 수이다.

표의 열은 **빈도, 퍼센트, 유효 퍼센트, 누적 퍼센트** 등으로 구성되어 있다. **빈도**는 해당 변수값에 응답한 사례 수이다. **퍼센트**는 해당 빈도가 전체 사례에서 차지하는 백분율, 즉 빈도를 전체 수로 나눈 것이다. **유효 퍼센트**는 해당 빈도가 유효 사례에서 차지하는 백분율, 즉 빈도를 결측 제외의 사례 수로 나눈 것이다. 또한 **누적 퍼센트**는 앞 행까지의 퍼센트 합과 현재 행의 퍼센트를 합한 결과이다.

▮그림 5-4▮에서 개신교의 경우를 통해 빈도분석의 상세 내용을 알아보고자 한다.

조사대상 중 개신교라고 응답한 빈도는 170건이고, 이 빈도(170건)가 전체 사례 498건에서 차지하는 퍼센트는 34.1%이며, 유효 사례 수 495건에서 차지하는 유효 퍼센트는 34.3%이다. 누적 퍼센트는 앞의 행, 즉 불교와 천주교의 빈도에 따른 유효 퍼센트(13.7%, 20.6%) 그리고 개신교의 유효 퍼센트(34.3%)를 모두 합한 결과로서 68.7%이다.

[결과 정리]

위와 같은 빈도분석결과를 모두 보고서에 전재하지는 않는다. 그 결과에는 분석 시행과 관련한 정보와 다양한 통계값이 부가되어 있기 때문이다. 따라서 이러한 통계값 등을 참조하면서 해당 변수의 요약에 필수적인 사항으로 구성된 표를 작성한다.

빈도분석의 최종 결과물은 행에 각 변수값들과 합계(다음 표에서 불교, 천주교, 개신교, 기타, 종교 없음, 합계 등) 그리고 열에 **빈도, 유효 퍼센트, 누적 퍼센트** 등으로 구성한다. 또한 표 아래에는 결측된 무응답의 건수를 표시한다.

빈도분석결과에서 실제 보고서에 활용하는 통계표는 다음과 같다.

〈표 5-1〉 조사대상자의 종교

구 분	빈도	유효 퍼센트	누적 퍼센트
불교	68	13.7	13.7
천주교	102	20.6	34.3
개신교	170	34.3	68.7
종교 없음	110	22.2	90.9
기타	45	9.1	100.0
합계	495	100.0	

* 무응답 3건

[통계표 작성]

통계표는 한글 등에서 표 작업을 통해 직접 작성할 수 있다. 그러나 작성에는 상당 시간이 소요되고, 또 비슷한 숫자의 작업을 하다보면 뜻하지 않은 오류가 발생할 수도 있다. 이러한 이유에서 아웃 파일의 결과물을 간단하게 **복사**하여 활용하거나 또는 **내보내기** 명령을 통해 특정 형식의 파일로 저장하여 활용한다.

복사가 가장 손쉽게 활용할 수 있는 방법이다. 아웃 파일의 결과물 중 해당 내용을 마우스의 오른쪽 버튼을 클릭하여 복사하고, 이후 한글 등 워드 프로세서의 해당 부분에서 마우스 오른쪽 버튼을 클릭하여 붙이면 된다.

내보내기 명령은 다소 복잡하다. 하지만 많은 양의 결과물을 한꺼번에 특정 형식의 파일로 저장하고, 이를 워드프로세서 등 다른 프로그램에서 불러 활용할 수가 있기에 유용하다.

아웃 파일의 왼쪽 창 등에서 원하는 분석결과를 전부 또는 일부 선택한 후 오른쪽 마우스 버튼을 눌러 **내보내기**를 선택한다. 그리고 내보내기 출력 결과의 대화창에서 저장 경로 및 파일명을 지정하여 저장하면 된다. 이후 저장된 파일은 흔글 등 워드프로세서로 불러서 활용할 수 있다.

[결론]

위의 통계표를 보고서에 제시하고 아래와 같이 해당 변수를 요약, 기술하면 된다.

조사대상자의 종교에 대해 파악한 결과는 다음과 같다. 개신교가 34.3%(170건)으로 가장 많고, 종교 없음이 22.2%(110건), 천주교 20.6%(102건), 불교 13.7%(68건), 기타 9.1%(45건) 등의 순으로 나타났다.

기술통계

기술통계는 양적변수를 요약·제시하는 통계방법이다.

[실행][5)]

SPSS pull down 메뉴 분석에서 하위 메뉴 기술통계량 중 기술통계를 실행한다.

---

5) 본 절의 통계결과는 저자의 학습 카페(http://cafe.daum.net/johnkl) SPSS 학습자료 중 「사회복지사 직무만족.sav」에 근거한다.

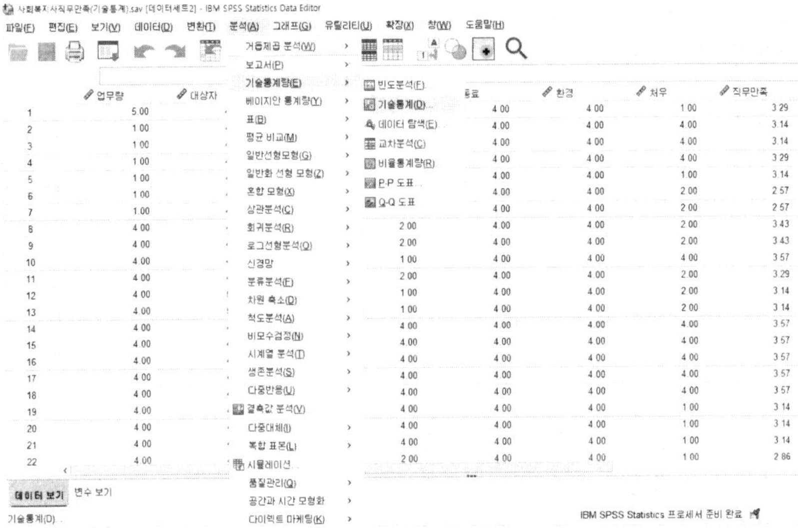

▌그림 5-5▐ 기술통계의 SPSS pull down 메뉴

이후 ▌그림 5-6▐ 과 같은 **기술통계** 대화창의 왼쪽 변수 목록 중 분석하고자 하는 변수를 선택하면 된다.

대화창 오른편에는 옵션 탭이 있다. 기술통계 옵션은 **평균, 합계, 산포도(표준편차, 최소값, 분산, 최대값, 범위, 평균의 표준오차), 분포(첨도, 왜도), 표시 순서(변수 목록, 문자순, 평균값 오름차순, 평균값 내림차순)** 등이 있다. 그런데 평균, 표준편차, 최소값, 최대값, 그리고 변수 목록 등이 이미 자동적으로 지정되어 있는데, 이는 기술통계에서 가장 일반적 옵션이다. 따라서 분석과 관련하여 일부 옵션이 요구되는 경우를 제외하고 굳이 다른 옵션을 선택할 필요는 없다.

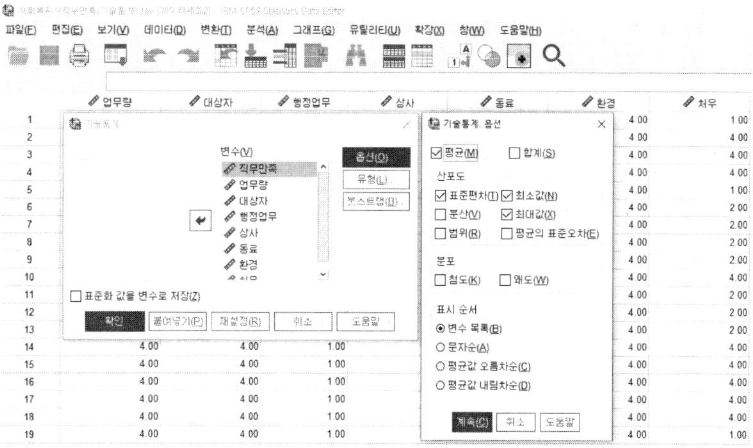

❙그림 5-6❙ 기술통계 실행명령의 대화창

[분석결과]

분석 변수를 선택하여 기술통계 대화창 아래의 확인 버튼을 누르면 해당 변수의 통계분석이 실행된다. 그리고 그 결과물은 컴퓨터 화면의 다른 창에서 ❙그림 5-7❙과 같이 표시된다.

다음 그림은 다수 변수를 선택하여 기술통계를 실시한 결과이다.

기술통계량

	N	최소값	최대값	평균	표준편차
직무만족	219	1.00	3.57	2.4971	.53370
업무량	219	1.00	5.00	2.3607	.90489
대상자	219	1.00	5.00	2.8904	.85502
행정업무	219	1.00	5.00	1.9954	.92120
상사	219	1.00	5.00	2.3151	.84392
동료	219	1.00	5.00	2.8858	1.07973
환경	219	1.00	5.00	2.7215	.85673
처우	219	1.00	4.00	2.3105	.80391
유효 N(목록별)	219				

❙그림 5-7❙ 기술통계 통계분석의 결과

[결과 정리]

기술통계 결과를 실제 보고서에 활용하기 위해서는 일부 수정을 해야 한다. 일반적으로 기술통계 결과 중 N(사례수), **최소값**, **최대값** 등을 제외하고, **평균**과 **표준편차**로 구성된 표를 작성한다.

기술통계의 결과는 간단 명료하기 때문에 여러 변수를 종합하여 제시되는 경우가 많다. 특히 다수의 하위변수로 구성된 척도를 활용한 경우, 하위 변수의 분석결과를 각각의 표로 구분하기보다는 이를 하나의 표로 종합하여 제시한다.

다음은 **직무만족**을 다수의 하위 문항, 즉 **업무량**, **대상자**, **행정업무**, **상사**, **동료**, **환경**, **처우** 등의 만족도로 구분하여 파악한 후, 이를 기술통계로 분석한 결과이다. 또한 다수의 하위 문항의 결과를 산술평균하고 이를 **직무만족 전체**의 결과로 활용하였다.

〈표 5-2〉 조사대상자의 직무만족

	평균	표준편차
직무만족 전체	2.4971	.53370
업무량	2.3607	.90489
대상자	2.8904	.85502
행정업무	1.9954	.92120
상사	2.3151	.84392
동료	2.8858	1.07973
환경	2.7215	.85673
처우	2.3105	.80391

[결론]

앞의 통계표를 보고서에 제시하고 다음과 같이 해당 변수들을 요약, 기술하면 된다.

조사대상자의 **직무만족**을 파악하기 위하여 **업무량, 대상자, 행정업무, 상사, 동료, 환경, 처우** 등에 대한 만족도로 구분하여 파악하였다.[6] 또한 이러한 결과를 산술평균함으로써 **전체 직무만족도**를 파악하였다.

분석결과, **전체 직무만족**은 2.4971(±.53370)[7]로서 보통보다 낮은 수준의 만족도로 나타났다.

또한 하위 측면의 만족도는 **대상자**에 대한 만족이 2.8904(±.85502)로서 가장 높은 수준의 만족도로 나타났으며, 다음으로 **동료**에 대한 만족 2.8858(±1.07973), **환경**에 대한 만족 2.7215(±.85673), **업무량**에 대한 만족 2.3607(±.90489), **상사**에 대한 만족 2.3151(±.84392), **처우**에 대한 만족 2.3105(±.80391), **행정업무**에 대한 만족 1.9954(±.92120) 등의 순으로 나타났다.

---

6) 만족도는 매우 불만족 1, 불만족 2, 보통 3, 만족 4, 매우 만족 5 등의 순으로 부호화하였다. 따라서 점수가 높을수록 만족도의 수준이 높다.

7) 본 저서에서 수치는 SPSS 결과물을 그대로 사용하였다. 따라서 소수점 이하 넷째 또는 다섯째 자리까지 표시하고 있다. 그러나 실제 보고서 작성 시 이를 소수점 이하 둘째 자리에서 반올림하는 등 일정 원칙을 정하고 일괄적으로 축약할 수 있다.

제6장

두 변수의 통계분석

제6장 두 변수의 통계분석

두 변수의 통계분석

앞 장에서 하나의 변수를 요약하는 통계방법, 즉 빈도분석과 기술통계에 대해 살펴보았다. 아울러 이러한 두 가지 통계방법의 선택은 변수의 속성에 따른 것임도 설명하였다.

비슷한 맥락으로 두 변수 사이의 관계를 분석하는 경우에도 해당 변수의 속성에 따라 활용하는 통계방법이 다르다.

구체적으로 첫째, 질적변수와 양적변수 사이의 관계를 분석하는 경우, 일원배치 분산분석 또는 독립표본 T검정을 실시하고, 둘째, 질적변수와 질적변수의 사이의 관계를 분석하는 경우, 교차분석을 실시하며, 셋째, 양적변수와 양적변수 사이의 관계를 분석하는 경우, 상관분석을 실시한다.

다음에서 두 변수 사이의 관계를 분석하는 통계방법인 **일원배치 분산분석**, **독립표본 T검정**, **교차분석**, 그리고 **상관분석** 등에 대해 각각 알아보고자 한다.

일원배치 분산분석

[일원배치 분산분석]

하나의 변수가 질적변수이고, 또 하나의 변수가 양적변수인 경우, 두 변수의 관계를 파악하는 것은 보다 용이할 수 있다. 질적변수는 집단으로 분류하고, 양적변수는 평균 등으로 요약할 수 있기 때문이다.

<표 6-1>에서 인종은 질적변수이고, 행복도는 1~5점으로 파악되는 양적변수[1]이다. 질적변수인 인종은 백인, 흑인, 기타 등의 세 집단으로 구분되어 행으로 구성되고, 양적변수인 행복도는 하나의 열에서 평균 등으로 요약된다.

일반적으로 각 집단의 평균을 산술비교함으로써 집단 간 차이를 언급하기도 한다. 그러나 이러한 단순 비교가 아니라 보다 체계적인 방법을 적용하여 집단 간 평균값의 차이를 검증할 수 있다. 이러한 통계학적 검증방법의 하나가 일원배치 분산분석(Analysis of variance, ANOVA[2])이다.

〈표 6-1〉 인종에 따른 행복도

구 분	평균(±표준편차)
백 인	2.65(±.971)
흑 인	2.98(±.997)
기 타	2.83(±.940)

1) 저자의 학습 카페(http://cafe.daum.net/johnkl) SPSS 학습자료 중 「1991 U.S. General Social Survey.sav」에서 행복도는 매우 행복 1, 행복 2, 보통 3, 불행 4, 매우 불행 5 등으로 부호화하였다. 따라서 점수가 낮을수록 행복하다고 할 수 있다.

2) ANOVA는 'Analysis of Variance'의 약어이다.

일원배치 분산분석은 ❙그림 6-1❙과 같이 하나의 기준을 축으로 설정(일원)하고 이 축 위에 셋 이상 다수 집단의 분포를 배치함으로써 각 분산에 차이가 있음[3)]을 분석하는 통계방법이다.

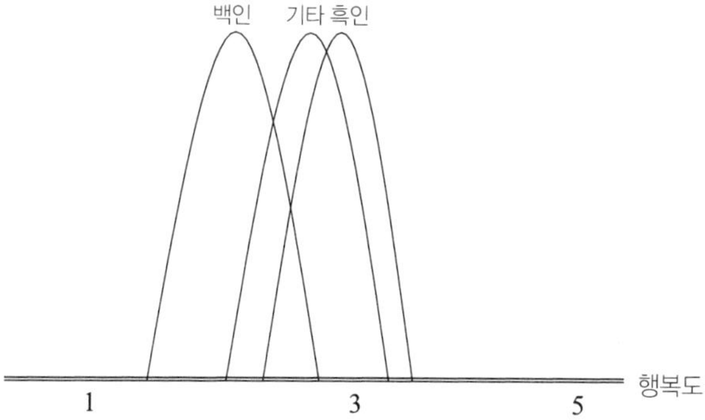

❙그림 6-1❙ 인종별 행복도의 분포

미국에서 인종 간 행복도의 차이가 있음을 검증하는 사례로써 일원배치 분산분석의 상세 내용을 알아보고자 한다.

---

3) 분산은 평균으로부터 단위 점수가 흩어져 있는 정도를 의미한다. 또한 표준편차는 이러한 분산의 제곱근이다. 따라서 각종 통계에서 평균을 활용하는 경우, 반드시 표준편차를 함께 제시하여야 한다.

[실행][4)]

SPSS pull down 메뉴 **분석**에서 하위메뉴 **평균 비교** 중 **일원배치 분산분석**을 실행한다(그림 6-2 참조).

▮그림 6-2▮ 일원배치 분산분석의 SPSS pull down 메뉴

이후 ▮그림 6-3▮과 같은 **일원배치 분산분석**의 대화창이 실행되면 분석하고자 하는 변수를 지정하면 된다.

먼저 **요인**에는 집단 분류의 근거가 되는 질적변수를 지정한다. 그림에서는 **인종에 따른 행복도의 차이**를 검증하고자 했기 때문에 **인종**을 요인의 변수로 지정한 것이다.

다음으로 **종속변수**에는 집단 간 차이를 보고자 하는 양적변수를 지정한다. 그림에서는 **행복도**를 종속변수로 지정한 것이다.

---

4) 본 절의 통계결과는 저자의 학습 카페(http://cafe.daum.net/johnkl) SPSS 학습자료 중 「1991 U.S. General Social Survey.sav」에 근거한다.

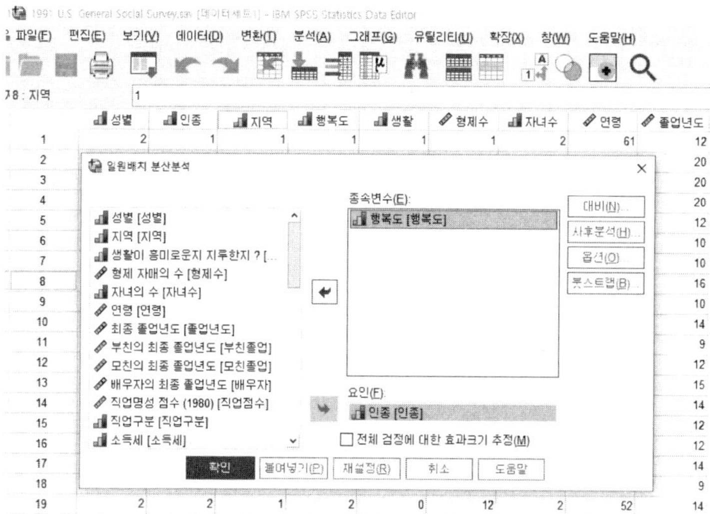

▌그림 6-3▐ 일원배치 분산분석 실행명령의 대화창

이후 확인을 누르면 일원배치 분산분석이 실행된다. 그런데 이와 같이 실행하면 집단 간 차이를 검증하는 통계값만 제시되고(그림 6-5 중 ANOVA), 각 집단의 평균 등 기술통계의 결과는 생략되어 있다(그림 6-5 중 기술통계).

그러나 각 집단의 기술통계는 분석 및 해석을 위해 기본적으로 요구된다. 따라서 이와 관련한 명령을 대화창 오른편의 옵션에 의해 추가해야 한다. 옵션을 클릭하면 다음과 같은 일원배치 분산분석 : 옵션의 대화창이 나오는데, 여기에서 통계량 중 기술통계를 지정하면 된다(그림 6-4 참조).

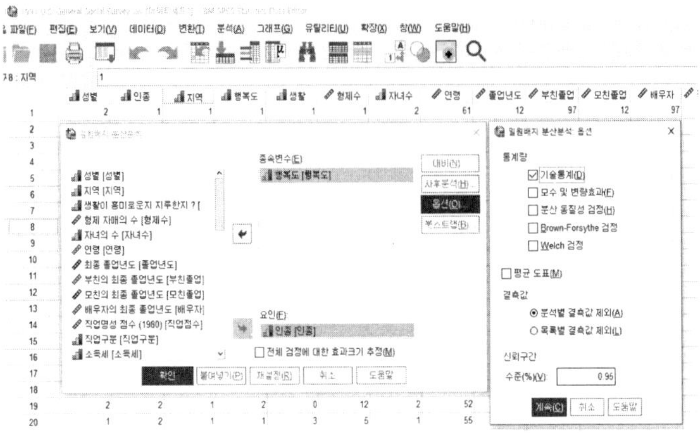

▌그림 6-4▐ 일원배치 분산분석 실행명령의 대화창 : 옵션

기술통계

행복도

	N	평균	표준편차	표준오차	평균의 95% 신뢰구간 하한	평균의 95% 신뢰구간 상한	최소값	최대값
백인	1256	2.65	.971	.027	2.60	2.70	1	5
흑인	201	2.98	.997	.070	2.84	3.11	1	5
기타	47	2.83	.940	.137	2.55	3.11	1	5
전체	1504	2.70	.980	.025	2.65	2.75	1	5

ANOVA

행복도

	제곱합	자유도	평균제곱	F	유의확률
집단-간	19.282	2	9.641	10.165	<.001
집단-내	1423.672	1501	.948		
전체	1442.955	1503			

▌그림 6-5▐ 일원배치 분산분석 통계분석의 결과

[분석결과]

일원배치 분산분석의 결과는 ▌그림 6-5▐와 같이 구성되어 있다. 먼저 각 집단의 **기술통계**가 제시된다. 여기에는 각 집단의 N(사례수), 평균, 표준편차, 표준오차, 신뢰구간의 하한 및 상한, 최소값, 최대값 등이 포함된다.

다음으로 ANOVA에서는 집단 간 차이 및 집단 내 차이, 그리고 이를 바탕으로 산출되는 통계값인 F값과 유의확률 등이 제시된다. 이중 집단 간 평균 차이를 판단하는 결정적 근거는, F값과 유의확률이다.

일반적으로 F값은 그 값이 클수록 집단 간 차이가 있다고 추정할 수 있다. 그러나 보다 분명한 통계학적 의미를 파악하기 위해서는 유의확률을 활용하여야 한다.

이 사례에서 유의확률은 .001(0.1%)로 산출되었다. 유의확률은 연구가설을 채택할 때, 틀릴 가능성이다. 사례에서 유의확률 .001은 인종에 따라 행복도의 차이가 있다는 연구가설을 채택할 경우, 틀릴 가능성이 0.1%라는 것이다. 즉, 인종에 따라 행복도가 다르다는 가설은 틀릴 확률이 매우 낮다. 따라서 인종에 따라 행복도에 차이가 있다고 통계학적 결론을 내린다.

만일 유의확률이 .123(12.3%)으로 산출되었다고 가정하자. 이러한 유의확률에 의할 때, 인종에 따라 행복도의 차이가 있다는 연구가설을 채택할 경우, 틀릴 가능성이 12.3%이다. 즉, 인종에 따라 행복도가 다르다는 가설은 틀릴 확률이 일정 수준 이상이다. 따라서 연구가설을 기각하여 인종에 따라 행복도의 차이가 없다고 통계학적 결론을 내린다.

이와 같이 유의확률에 의해 연구가설의 채택 또는 기각을 결정한다. 일반적으로 사회과학 통계분석에서는 10% 미만의 오류, 즉 열 번 중 한 번 미만 틀리는 오류는 용인하기도 한다. 단, 보다 엄격하게 5% 미만 또는 1% 미만의 오류만을 용인하기도 한다.

[결과 정리]

일원배치 분산분석은 세 집단 이상의 평균 차이를 검증하는 통계방법으로, 그 결과는 <표 6-2>와 같이 표로 요약된다.

먼저 집단별로 검증하고자 하는 변수의 기술통계, 즉 평균과 표준편차를 제시한다. 그리고 그 차이를 검증하기 위한 F값 그리고 유의확률을 각각 제시한다.

〈표 6-2〉 인종에 따른 행복도의 차이[5)]

구분	평균	표준편차	F값	유의확률
백인	2.65	.971	10.165	.001
흑인	2.98	.997		
기타	2.83	.940		
합계	2.70	.980		

[결론]

일원배치 분산분석을 통해 <표 6-2>와 같은 통계 결과(표)를 얻었다면, 분석의 결론은 다음과 같다.

미국에서 인종에 따른 행복도의 차이가 있음을 가정하고, 이를 검증하기 위하여 일원배치 분산분석을 실시하였다.

분석결과 백인의 행복도는 2.65(±.971), 기타 인종의 행복도는 2.83 (±.940), 그리고 흑인의 행복도는 2.98(±.997) 등의 순으로 나타났다. 그리고 이러한 차이는 통계학적으로 의미 있는 차이로 나타났다(F=10.165,

5) 행복도는 매우 행복 1, 행복 2, 보통 3, 불행 4, 매우 불행 5 등으로 부호화하였다. 따라서 점수가 낮을수록 행복하다고 할 수 있다.

유의확률=.001).

따라서 미국에서 인종 간에 행복도의 차이가 있어 백인이 가장 행복하고, 흑인이 가장 불행하다고 할 수 있다.

다인종사회인 미국은 인종차별의 극복을 위해 오랫동안 노력하여 왔음에도 불구하고, 인종에 따른 구조적 차별이 여전하고 그 결과 인종별 행복도에 차이가 있다고 할 수 있다. 따라서 각 인종에 대한 사회적 인식 개선, 인종 통합된 사회 지향에 대한 합의, 그리고 비주류 인종의 특성과 욕구에 대응하는 각종 사회정책 마련 등이 요구된다고 할 수 있다.

[결론 관련 유의사항]

조사대상의 이해

통계분석의 결론은 조사대상이 누구냐에 따라 결론 및 논의 등이 다를 수 있다. 예를 들어, 자가용, 대중교통수단, 도보 등 출퇴근 교통수단에 따라 직장생활 만족도에 차이가 있음이 분석되었다고 가정하자. 만일 이러한 분석을 일반 인구집단을 대상으로 했다면, 결과에 근거하여 만족도가 높은 교통수단의 이용 활성화 그리고 만족도가 낮은 경우 불만족 요인의 파악 및 적의 대처 등을 논의할 수 있다.

그러나 조사대상이 시각장애인이었다면 위와 같은 일반적 내용 외에도 조사대상자의 일반 특성, 장애 특성, 직업 특성 등에 근거하여 여러가지 내용을 논의할 수 있다.

조사대상에 대한 사전적 이해는 모든 연구에서 필수적인 과정이다. 특히 다른 연구자가 생산한 데이터 세트를 이용하는 경우, 이러한 과정은 더욱 강조된다고 할 수 있다. 따라서 본격적인 통계분석에 앞서 주요 변수에 대한 빈도분석 또는 기술통계 등을 실시함으로써 조사대상에 대해 정확히 이해해야 한다.

통계표와 통계결과 기술

통계분석의 결과는 통계표 그리고 결과 기술의 두 가지로 제시된다. 한데 표와 기술은 각각 하나의 의미로서 완결성을 가져야 한다. 즉, 표만으로도 가설 검증의 내용을 이해할 수 있어야 하며, 결과 기술만으로도 그 내용을 이해할 수 있어야 한다.

이러한 맥락을 고려하여 통계표의 작성 그리고 통계결과의 기술에 각각 유의하여야 한다.

통계분석결과의 기술

통계분석은 위와 같이 가설을 먼저 제시하고 이후 가설 검증에 활용한 통계방법, 분석결과 및 결론 그리고 제언 등의 순으로 기술한다.

대부분의 연구 보고서에서 가설에서부터 결론까지의 내용은 대체적으로 유사하다. 그러나 제언은 연구자마다 상이할 수 있다. 왜냐하면 제언은 연구자의 사회학적 상상력에 근거하는 하나의 의견이기 때문이다.

이와 같이 제언은 연구의 차별적 내용을 구성하기 때문에 연구의 질적 수준을 결정하는 핵심적인 부분으로 인식하고 그 작성에 유의하여야 한다.

통계적 사실과 의견

결론에서는 통계적 사실을 단정적으로 표현하고 있다(~하고 있다, ~로 나타났다 등). 반면 그 통계 사실 등에 근거하여 실제 현상을 유추하거나 제언하는 경우에는 다소 조심스럽게 표현한다(~있음을 알 수 있다, ~라고 할 수 있다 등). 이와 같이 사실과 추정을 구분하여 그 표현에 유의하여야 한다.

연구가설의 채택과 기각

분석에서는 통계학적으로 유의미한 사실, 즉 연구가설을 채택하는 경우만 중시하는 경향이 있다. 그러나 연구가설을 기각하는 경우에도 연구에 상당한 시사점을 줄 수 있다.

예를 들어, 인종에 따른 행복도의 차이가 있다는 연구가설을 기각하여 인종에 따른 행복도의 차이가 없다는 결론에 이르렀다고 하자. 이 때 연구가설의 기각으로 더 이상의 논의를 진행하지 않는 경우가 많다. 그러나 연구가설의 기각, 즉 인종에 따른 행복도의 차이가 없기 때문에 향후 인종과 관련 없이 모두를 대상으로 하는 보편적 사회 정책의 실시를 논의하는 근거가 될 수 있다.

이와 같이 연구가설이 채택되지 않는 경우에도 주목하여 다양한 연구 목적을 달성해야 한다.

독립표본 T검정

[독립표본 T검정]

독립표본 T검정은 집단 간 평균의 차이를 검증하는 통계방법이다. 평균 차이를 검증하는 것은 앞의 일원배치 분산분석과 동일하다. 단, 일원배치 분산분석이 셋 이상 집단의 평균 차이를 검증하는 반면 독립표본 T검정은 두 집단 간 평균 차이를 검증한다.

통계학적 측면에서 일원배치 분산분석은 하나의 기준을 축(일원)으로 설정하고 그 위에 셋 이상 다수 집단의 분포를 배치하여 분산에 차이가 있음을 파악하는 통계방법이다.

한편 독립표본 T검정은 두 집단 사이의 관계이기 때문에 분산만을 분석하는 것이 아니라 이후 보다 심화된 통계를 진행하여 평균값의 차이를 검증하는 것이다.[6] 따라서 분산분석에서 차이가 없더라도 독립표본 T검정에서 집단 간 차이가 있다고 분석되는 경우가 있다. 또한 분산분석의 차이가 있더라도 독립표본 T검정에서 집단 간 차이가 없다고 분석되는 경우도 있다.

미국에서 **성별에 따른 행복도의 차이가 있음을 가정**하고, 이를 검증하고자 한다. 이때 **성별**은 남성과 여성의 두 집단으로 구성된다. 그리고 **행복도**[7]는 양적변수로서 그 평균을 구할 수가 있다. 이는 질적변수와 양적변수의 관계를 분석하는 경우인데, 성별이 두 집단으로 구분되기 때문에 독립표본 T검정을 실시한다.

---

6) 이와 관련한 상세 논의는 p. 67 통계의 기본원리 등 참조.

7) 저자의 학습 카페(http://cafe.daum.net/johnkl) SPSS 학습자료 중 「1991 U.S. General Social Survey.sav」에서 행복도는 매우 행복 1, 행복 2, 보통 3, 불행 4, 매우 불행 5 등으로 부호화하였다. 따라서 점수가 낮을수록 행복하다고 할 수 있다.

평균의 차이를 검증하는 통계적 과정은 앞 절의 일원배치 분산분석과 거의 유사하다.[8)]

[실행][9)]

SPSS pull down 메뉴 분석에서 하위메뉴 평균 비교 중 독립표본 T검정을 실행한다(그림 6-7 참조).

▌그림 6-6▐ 독립표본 T검정의 SPSS pull down 메뉴

---

8) 통계학적 측면에서 독립표본 T검정과 일원배치 분산분석은 다소 차이가 있다. 독립표본 T검정이 평균과 표준편차를 바탕으로 t라는 통계값을 산출하여 활용한다면 일원배치 분산분석은 집단 간 차이와 집단 내 차이를 바탕으로 F라는 통계값을 산출하여 활용한다.
그러나 이러한 통계값의 산출에 대해서는 그 개념만 알고 있으면 된다. 그리고 이러한 통계값에 의해 산출되는 유의확률을 활용하여 가설을 검증하면 된다.

9) 본 절의 통계결과는 저자의 학습 카페(http://cafe.daum.net/johnkl) SPSS 학습자료 중 「1991 U.S. General Social Survey.sav」에 근거한다.

이후 ❙그림 6-7❙과 같은 **독립표본 T검정** 대화창이 실행되면 분석하고자 하는 변수를 지정하면 된다.

먼저 **집단변수**는 두 개의 집단과 관련되는 변수를 지정한다. 만일 **성별에 따른 행복도의 차이를 검증**한다면 **성별**을 집단변수로 지정한다.

집단변수를 지정하면 다음 그림에서와 같이 **성별**(? ?)로 표시되어[10] 성별의 어떤 집단을 선택할 것인지를 묻는다. 이때 남자와 여자에 해당하는 부호를 입력하면 된다.

검정 변수는 평균과 표준편차를 구하여 차이를 분석하고자 하는 양적변수이다. 만일 성별에 따른 행복도의 차이라면 **행복도**를 지정한다. 이후 **확인**을 누르면 독립표본 T검정이 실행된다.

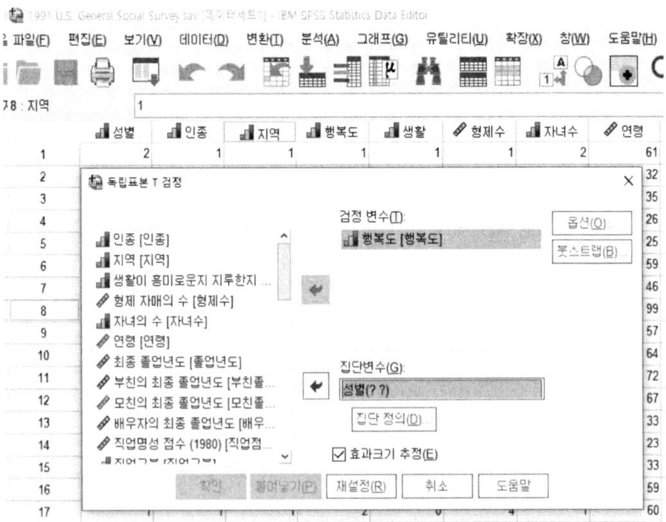

❙그림 6-7❙ 독립표본 T검정 실행명령의 대화창

10) 독립표본 T검정에서 두 집단의 코드를 지정하는 이유는 만일 세 집단 이상으로 구성된 변수인 경우에도 두 집단만 선택하여 분석할 수 있도록 한 옵션이다. 예를 들어 세 집단으로 구성된 인종의 경우에도 백인과 흑인 두 집단만을 선택하여 독립표본 T검정을 실시함으로써 그 평균을 비교할 수 있다.

[분석결과]

독립표본 T검정을 통해 얻어지는 결과는 ▮그림 6-8▮과 같다.

먼저 두 집단에 대한 집단통계량이 제시된다. 여기에는 남자와 여자의 행복도 평균, 그리고 표준편차 등이 포함된다. 하지만 평균과 표준편차만으로 두 집단 간의 차이를 확정할 수 없다. 따라서 다음의 독립표본 검정을 활용하여 두 집단의 차이를 최종적으로 판단하여야 한다.

독립표본 검정은 다소 복잡하게 구성으로 되어 있지만 통계학적으로 매우 체계적이다. 먼저 두 집단의 행복도 분산을 파악하여야 한다. 분산을 먼저 파악하는 이유는 분포가 동질적인 경우(등분산)와 이질적인 경우(등분산이 아님), 독립표본 T검정의 통계량이 다르기 때문이다.

행복도 분산은 Levene 등분산 검정으로 분석된다. 다음 그림에서 Levene 등분산 검정 결과 F값은 .428이고 유의확률은 .513이다. 여기서 유의확률은 분산이 다르다고 할 경우(연구가설 채택), 틀릴 가능성 51.3%를 의미한다. 따라서 분산이 다르다고 하기에는 틀릴 가능성이 너무 크기 때문에 연구가설을 기각하여 분산은 같다(등분산)고 판정한다.

이와 같이 분산분석을 통해 등분산 여부를 먼저 파악한 후, 그에 해당하는 t값과 유의확률을 선택하여야 한다.

위에서 설명한 바와 같이 여기서는 등분산이 가정되기 때문에 윗줄(독립표본 검정에서 '등분산을 가정함')의 값, t= −2.398 그리고 유의확률=.017을 선택하고, 독립표본 T검정을 계속 진행하여야 한다.[11]

---

11) 만일 Levene의 등분산 검정 결과 유의확률이 .0231(2.31%)로 산출되었다고 가정하자. 이러한 유의확률에 의하면 서로 분산이 다르다고 할 때(연구가설 채택), 틀릴 가능성이 2.31%이고, 그 결론은 분산이 서로 다르다이다. 따라서 통계결과 독립표본 검정에서 등분산을 가정하지 않음의 t값과 유의확률을 선택하여 독립표본 T검정을 진행하여야 한다.

집단통계량

	성별	N	평균	표준편차	평균의 표준오차
행복도	남자	633	2.63	.960	.038
	여자	871	2.75	.992	.034

독립표본 검정

		Levene의 등분산 검정		평균의 동일성에 대한 T검정						
									차이의 95% 신뢰구간	
		F	유의확률	t	자유도	유의확률 (양측)	평균차이	표준오차 차이	하한	상한
행복도	등분산을 가정함	.428	.513	-2.398	1502	.017	-.123	.051	-.223	-.022
	등분산을 가정하지 않음			-2.411	1386.776	.016	-.123	.051	-.222	-.023

┃그림 6-8┃ 독립표본 T검정 통계분석의 결과

t값의 유의확률 .017(1.7%)은 두 집단의 평균 차이를 검증하는 결정적 근거이다. 이는 두 **집단 간 평균의 차이가 있다고** 할 경우(연구가설의 채택), 틀릴 가능성이 1.7%임을 의미하는데, 이는 사회과학에서 통계학적 유의 수준[12)]에 적합하다. 따라서 연구가설을 채택하여 **성별에 따른 행복도**의 차이가 있다고 판정한다[13)].

[결과 정리]

독립표본 T검정의 결과는 다음과 같이 요약하여 표로 제시한다.

먼저 두 집단에서 검증하고자 하는 변수의 기술통계, 즉 평균과 표준편차를 제시한다. 그리고 그 차이를 검증하는 t값 그리고 유의확률을 각각 제시한다.

---

12) 통계학적 유의수준은 10% 미만, 5% 미만, 1% 미만 등으로 각각 설정할 수 있다.

13) 만일 유의확률이 .123(12.3%)으로 산출되었다고 가정하자. 이러한 유의확률에 의할 때, 성별에 따라 행복도의 차이가 있다는 연구가설을 채택할 경우, 틀릴 가능성이 12.3%이고, 이는 일정 수준을 넘는 큰 오류이다. 따라서 연구가설을 기각하여 성별에 따라 행복도의 차이가 없다고 판정한다.

〈표 6-3〉 성별에 따른 행복도의 차이[14)]

구 분	평 균	표준편차	t값	유의확률
남 자	2.63	.960	-2.398	.017
여 자	2.75	.992		

[결론]

독립표본 T검정을 통해 <표 6−3>과 같은 통계 결과(표)를 얻었다면, 분석의 결론은 다음과 같다.

미국에서 **성별에 따른 행복도의 차이**가 있음을 가정하고, 이를 검증하기 위하여 독립표본 T검정을 실시하였다.

분석결과 남자의 행복도 평균은 2.63(±.960), 그리고 여자의 행복도 평균은 2.75(±.992)로 나타났다. 그리고 이러한 차이는 통계학적으로 유의미한 차이로 나타났다(t = -2.398, 유의확률 = .017). 따라서 미국에서는 남자가 여자보다 행복하다고 할 수 있다.

미국의 경우 불합리한 성 역할의 설정, 교육 및 직업 등과 관련한 성 차별 구조, 육아나 가사에 따른 부담 가중 등으로 성별에 따른 구조적 차이가 엄연하며 이에 따라 남성과 여성이 체감하는 행복도에 일정 차이가 있다고 할 수 있다.

따라서 여성의 안전을 보장하는 사회 환경 구성, 성인지적 교육 및 취업 지원, 기혼 여성의 육아나 가사에 대한 지원 등 여성의 행복 증진과 관련되는 각종 사회정책이 절실히 요구된다고 할 수 있다.

14) 행복도는 매우 행복 1, 행복 2, 보통 3, 불행 4, 매우 불행 5 등으로 부호화하였다. 따라서 점수가 낮을수록 행복하다고 할 수 있다.

[결론 관련 유의사항][15)]

조사대상의 이해

통계분석의 결론은 조사대상이 누구냐에 따라 결론 및 논의 등이 다를 수 있다. 예를 들어, 성별에 따라 직장생활 만족도에 차이가 있음이 분석되었다고 가정하자. 만일 이러한 분석이 일반 인구집단을 대상으로 했다면, 결과에 근거하여 특정 성의 직장생활 만족도 저하 요인 그리고 대처 방안 등을 논의할 수 있다.

그러나 조사대상이 시각장애인이었다면 이와 같은 일반적 내용 외에도 조사대상자의 일반 특성, 장애 특성, 직업 특성 등에 근거하여 여러 가지 내용을 논의할 수 있다.

조사대상에 대한 사전적 이해는 모든 연구에서 필수적인 과정이다. 특히 다른 연구자가 생산한 데이터 세트를 이용하는 경우, 이러한 과정은 더욱 강조된다고 할 수 있다. 따라서 본격적인 통계분석에 앞서 주요 변수에 대한 빈도분석 또는 기술통계 등을 실시함으로써 조사 대상에 대해 정확히 이해해야 한다.

연구가설의 채택과 기각

분석에서 통계학적으로 유의미한 사실, 즉 연구가설을 채택하는 경우만 중시하는 경향이 있다. 그러나 연구가설을 기각하는 경우에도, 연구에 상당한 시사점을 줄 수 있다. 예를 들어, 성별에 따른 행복도의 차이가 있다는 연구가설을 기각하여 성별에 따른 행복도의 차이가 없다는 결론에 이르렀다고 하자. 이 때 연구가설의 기각으로 더 이상의 논의를

---

15) 기타 결론 관련 유의사항은 pp. 103-105 참조.

진행하지 않는 경우가 많다. 그러나 연구가설의 기각, 즉 성별에 따른 행복도의 차이가 없기 때문에 향후 성별과 관련 없이 모두를 대상으로 하는 보편적 사회 정책의 실시를 논의하는 근거가 될 수 있다.

이와 같이 연구가설이 채택되지 않는 경우에도 주목하여 다양한 연구 목적을 달성해야 한다.

교차분석

[교차분석]

교차분석(Crosstabulation analysis, Crosstab analysis)은 질적변수와 질적변수 사이의 상관 또는 독립 여부를 파악하는 통계방법이다.

미국의 경우 **인종**은 백인, 흑인 그리고 기타 인종으로 구분된다. 그리고 **지역**은 북동부, 남동부 그리고 서부로 구분된다. 이러한 미국에서 **인종과 거주 지역의 관계**를 활용함으로써 교차분석에 대해 알아보고자 한다.

먼저 두 변수는 각각 질적변수이다. **인종**은 백인, 흑인 그리고 기타 인종으로, **지역**은 북동부, 남동부, 서부로 구분된다. 이처럼 두 변수가 모두 질적변수인 경우, 그 관계를 파악하기 위해 교차분석을 활용한다.

다음 <표 6-4>에서 백인은 1,264명, 흑인은 204명, 그리고 기타 인종은 49명이며 이들 각 인종이 북동부, 남동부 그리고 서부에 고루 거주할 때를 나타낸다. 즉, 백인은 전체 인구에서 자신들이 차지하는 인구 비율인 83.3% 만큼 각 지역에 고루 거주하고 있다. 흑인도 자신들의 인구 비율인 13.4% 만큼 각 지역에서 고루 거주하고 있으며, 기타 인종도 인구 비율인 3.2% 만큼 각 지역에 고루 거주하고 있다.

이 경우 모든 인종이 세 지역에서 각각 인구 비율만큼 거주하기 때문에 인종에 따른 거주 지역에는 아무런 차이가 없는 것이다. 이와 같이 인종과 거주 지역 사이에 아무런 차이도 존재하지 않는 것을 영가설이라고 한다.

〈표 6-4〉 인종에 따른 거주 지역의 차이 : 영가설

구 분	북동부	남동부	서부	전체
백인	566 83.4%	346 83.4%	352 83.2%	1264 83.3%
흑인	91 13.4%	56 13.5%	57 13.5%	204 13.4%
기타	22 3.2%	13 3.1%	14 3.3%	49 3.2%
전체	679 100.0%	415 100.0%	423 100.0%	1517 100.0%

한데 미국에서 정치, 경제, 사회, 문화 등의 중심인 북동부, 전통적 농업지역인 남동부, 그리고 비교적 새롭게 개척된 서부 등은 거주 지역으로서 일정 차이가 있다.

또 백인, 흑인, 기타 인종도 각각 미국에 유입된 시기가 다르고, 또 평균적인 사회・경제적 지위 등이 다르기 때문에 분명히 그 거주 지역이 다를 수 있다.

다음 <표 6-5>에서 백인은 1,264명, 흑인은 204명 그리고 기타 인종은 49명 등으로 위의 <표 6-4>와 인종별 인구수는 동일하다. 그러나 각 지역의 인종 비율은 전체 인구에서의 인종 비율과는 다르게 나타

난다. 즉, 백인은 전체 인구에서의 비율이 83.3%인데, 서부에서 88.7%, 북동부에서 85.7%로 자신의 인구비율보다 높게 나타났으며, 남동부에서는 74.0%로 낮게 나타났다.

또한 흑인은 전체 인구에서 13.4%를 차지하고 있지만 남동부에서는 22.7%로 자신의 인구비율보다 높게 나타났고, 서부에서는 6.6%로 낮게 나타났다.

기타 인종도 전체에서 3.2%인데 서부에서는 4.7%로 자신의 인구비율보다 높게 나타났다.

〈표 6-5〉 인종에 따른 거주 지역의 차이 : 실제 조사

구 분	북동부	남동부	서부	전체
백인	582 85.7%	307 74.0%	375 88.7%	1264 83.3%
흑인	82 12.1%	94 22.7%	28 6.6%	204 13.4%
기타	15 2.2%	14 3.4%	20 4.7%	49 3.2%
전체	679 100.0%	415 100.0%	423 100.0%	1517 100.0%

<표 6-5>를 통해 미국의 경우 인종에 따라 거주 지역에 차이가 있다는 것을 짐작할 수 있다. 하지만 이러한 짐작이 보다 확실한 근거를 가지기 위해서는 일련의 통계방법이 적용되어야 한다.

<표 6-5>의 실제 조사가 이념형인 영가설(표 6-4)로부터 벗어난 정도(차이)를 활용함으로써 보다 확실한 통계학적 근거를 마련할 수 있다. 즉, 영가설에 의한 기대빈도와 실제 조사를 통한 관찰빈도 사이의 차이

에서 산출되는 통계값을 바탕으로 통계분석을 실시할 수 있다.

예를 들어, 백인이 북동부에 거주하는 실제 수(관측빈도)는 582인데 영가설의 수(기대빈도)는 566이다. 여기서 관측빈도과 기대빈도의 차이 16을 구할 수 있다. 또 백인이 남동부에 거주하는 관측빈도(307)와 기대빈도(346)의 차이(39), 백인이 서부에 거주하는 관측빈도(375)와 기대빈도(352)의 차이(23) 등을 각각 구할 수 있다.

이러한 방식으로 흑인과 기타 인종도 각 셀(교차되는 칸)마다 관측빈도와 기대빈도의 차이를 구할 수 있다.

관측빈도와 기대빈도의 차이가 클수록 영가설(인종과 거주 지역이 관계없다)과는 다른 실제의 현상, 즉 인종에 따라 거주 지역이 다르다는 결론에 다가갈 수 있다.

이와 같이 관측빈도와 기대빈도의 차이들을 종합하여 산출하는 통계값이 교차분석에서의 χ^2(카이제곱, Chi-square)[16]이다.

일반적으로 χ^2의 값이 클수록 두 변수 사이의 상관이 높다. 그러나 보다 분명한 통계학적 의미를 파악하기 위해서 χ^2의 유의확률을 활용하여야 한다.

위 사례에서 χ^2의 유의확률이 .016(1.6%)으로 산출되었다고 가정하자.[17] 유의확률은 연구가설을 채택할 때 틀릴 가능성이다. 즉, 설정된 연구가설인 인종에 따라 거주 지역이 다르다고 할 경우, 틀릴 가능성이 1.6%인 것이다. 한데 1.6%는 일정 수준 이하[18]의 작은 오류이기 때문에

---

16) 각 셀에서 관측빈도와 기대빈도의 차이를 구하여 제곱하고 이를 기대빈도로 나누어 값을 구할 수 있는데, 모든 셀에서 이와 같은 값을 구하여 더할 때 얻어지는 통계값이 χ^2이다.

17) 위 통계표에 따르는 실제 χ^2은 53.168, 유의확률은 .000이다. 그러나 여기서는 관련 설명을 위해 χ^2은 53.168, 유의확률은 .016으로 가정한다.

18) 통계학에서는 1% 미만, 5% 미만, 10% 미만의 오류를 용인할 수 있다.

두 변수 사이에는 통계학적으로 의미 있는 관계가 있다고 할 수 있다. 즉, 인종에 따른 거주 지역에 차이가 있다고 통계학적 결론을 내린다.

이와는 반대로 유의확률이 .123으로 산출되었다면, 인종에 따라 거주 지역이 다르다고 할 경우, 틀릴 가능성이 12.3%가 된다. 그리고 이는 일정 수준을 넘는 큰 오류이기 때문에 연구가설을 채택할 수 없다. 따라서 연구가설을 기각하여 인종에 따라 거주 지역에 차이가 없다고 통계학적 결론을 내려야 한다.

지금까지 관측빈도와 기대빈도, χ^2, 연구가설과 영가설, 채택과 기각 등 복잡한 통계와 조사론 개념 등을 언급하였다. 그러나 이와 관련하여 그 의미, 각 값의 산출 과정 등을 정확하게 숙지할 필요는 없다. 단지 개념 정도만 알고 있으면 된다.

반면 유의확률에 대해서는 정확한 이해와 활용이 필수적이다. 위에서와 같이 인종에 따라 거주 지역이 다르다는 연구가설을 검증하는 결정적인 판단 근거가 바로 유의확률이기 때문이다.

[실행][19)]

SPSS pull down 메뉴 분석에서 하위메뉴 기술통계량 중 교차분석을 실행한다(그림 6-9 참조).

19) 본 절의 통계결과는 저자의 학습 카페(http://cafe.daum.net/johnkl) SPSS 학습자료 중「1991 U.S. General Social Survey.sav」에 근거한다.

▌그림 6-9▐ 교차분석의 SPSS pull down 메뉴

다음으로 ▌그림 6-10▐ 과 같은 **교차분석**의 대화창이 실행되면 분석하고자 하는 변수를 이동하여 지정하면 된다.

미국에서 **인종**에 따라 거주 **지역**이 다르다는 가설을 설정하고 이를 검증하는 사례로서 교차분석에 대해 알아보고자 한다.

먼저 분석하고자 하는 두 변수를 각각 **행**과 **열**에 지정하여야 한다. 행은 분석결과에서 가로에 해당하는 분류이고, 열은 세로에 해당하는 분류이다.

다음 그림의 대화창에서 행으로 **인종**을, 열로 **지역**을 지정하였기 때문에 이어지는 ▌그림 6-11▐ 과 같은 분석결과를 얻은 것이다. 이는 인종에 따른 거주 지역을 설명하기에 보다 적합하다고 판단하여 선택한 것이다. 만일 거주 지역에 따른 인종분포를 분석하고자 한다면, 행과 열을 반대로 지정하는 것이 보다 적합하다. 이와 같이 행과 열에 해당하는 변수의 지정은 분석의 필요에 따라 각기 달라질 수 있다.

행과 열의 혼란이 있는 경우, 열과 행의 변수 지정을 바꿔서 다시 실행하면 된다. 따라서 행과 열의 지정에 따른 지나친 부담은 가질 필요가 없다.

▌그림 6-10▐ 교차분석 실행명령의 대화창

케이스 처리 요약

	케이스					
	유효		결측		전체	
	N	퍼센트	N	퍼센트	N	퍼센트
인종 * 지역	1517	100.0%	0	0.0%	1517	100.0%

인종 * 지역 교차표

빈도

		지역			
		북동부	남동부	서부	전체
인종	백인	582	307	375	1264
	흑인	82	94	28	204
	기타	15	14	20	49
전체		679	415	423	1517

▌그림 6-11▐ 교차분석 통계분석의 결과

[분석 옵션]

교차분석의 경우, 옵션에 유의하여야 한다. 만일 아무런 옵션도 선택하지 않고 분석을 실행한다면, ▌그림 6-11▌과 같은 결과를 얻게 된다. 그림의 표(인종*지역 교차표)에는 관측빈도만이 간략하게 제시되어 있다. 그러나 표의 이해 그리고 분석의 편의 등을 고려한다면, 각 셀에는 관측빈도 외에도 해당 퍼센트의 표시가 필수적으로 요구된다. 따라서 다음과 같은 추가적인 옵션을 선택하여야 한다.

분석결과에 퍼센트의 표시를 선택하기 위해서는 **교차분석** 대화창에서 상세 요구사항을 지정하여야 한다.

교차분석 대화창 왼쪽의 **셀**을 클릭하면 [그림 6-12]와 같은 **교차분석 : 셀 표시** 대화창이 이어진다. 여기에서 구체적인 퍼센트 옵션을 지정하여야 한다. 행을 선택하면 행 전체의 빈도에서 해당 셀의 관측빈도가 차지하는 퍼센트가 표시된다. 또 열을 선택하면 열 전체의 빈도에서 해당 셀의 관측빈도가 차지하는 퍼센트가 표시된다.

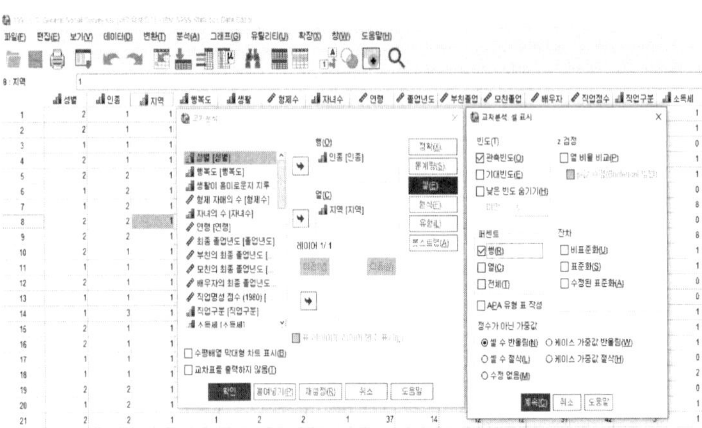

▌그림 6-12▌ 교차분석 실행명령의 대화창 : 셀 표시

▮그림 6-13▮은 퍼센트 옵션으로 행을 선택한 결과, 열을 선택한 결과, 그리고 전체를 선택한 결과를 차례대로 보여주고 있다.

인종 * 지역 교차표

			지역			
			북동부	남동부	서부	전체
인종	백인	빈도	582	307	375	1264
		인종 중 %	46.0%	24.3%	29.7%	100.0%
	흑인	빈도	82	94	28	204
		인종 중 %	40.2%	46.1%	13.7%	100.0%
	기타	빈도	15	14	20	49
		인종 중 %	30.6%	28.6%	40.8%	100.0%
전체		빈도	679	415	423	1517
		인종 중 %	44.8%	27.4%	27.9%	100.0%

인종 * 지역 교차표

			지역			
			북동부	남동부	서부	전체
인종	백인	빈도	582	307	375	1264
		지역 중 %	85.7%	74.0%	88.7%	83.3%
	흑인	빈도	82	94	28	204
		지역 중 %	12.1%	22.7%	6.6%	13.4%
	기타	빈도	15	14	20	49
		지역 중 %	2.2%	3.4%	4.7%	3.2%
전체		빈도	679	415	423	1517
		지역 중 %	100.0%	100.0%	100.0%	100.0%

인종 * 지역 교차표

			지역			
			북동부	남동부	서부	전체
인종	백인	빈도	582	307	375	1264
		전체 중 %	38.4%	20.2%	24.7%	83.3%
	흑인	빈도	82	94	28	204
		전체 중 %	5.4%	6.2%	1.8%	13.4%
	기타	빈도	15	14	20	49
		전체 중 %	1.0%	0.9%	1.3%	3.2%
전체		빈도	679	415	423	1517
		전체 중 %	44.8%	27.4%	27.9%	100.0%

▮그림 6-13▮ 교차분석 교차표의 퍼센트 옵션

교차분석에서는 위와 같이 행, 열 그리고 전체의 퍼센트 옵션 중에서, 설명하고자 하는 바에 보다 적합한 경우를 선택하면 된다. 물론 행과 열 그리고 전체의 퍼센트는 중복적으로 선택할 수도 있다.

교차분석에서는 앞서 설명한 바와 같이 χ^2 그리고 유의확률로서 두 변수 사이의 상관 및 독립을 판단한다. 그런데 아무런 옵션도 선택하지 않으면 이와 관련한 내용은 생략이 된 채 결과가 제시된다.

따라서 교차분석 통계값 산출을 추가적으로 지정하여야 한다. 구체적으로 ▌그림 6-14▐ 에서와 같이 교차분석 대화창 왼쪽의 **통계량**을 선택하고, 이어지는 **교차분석 : 통계량** 대화창에서 상세 옵션을 선택해야 한다. 이때 가장 많이 쓰이는 통계량이 **카이제곱**(χ^2)이다.

▌그림 6-14▐ 교차분석 실행명령의 대화창 : 통계량

[분석결과]

교차분석의 실시에 따른 분석결과는 ▌그림 6-15▐ 와 같다.

먼저 **케이스 처리 요약**에서는 실제 분석에 투입된 사례, 그리고 결측으로 제외된 사례가 표시된다. 다음으로 **인종*지역 교차표**에서 두 변수의 교차에 의한 각 셀의 관측빈도, 그리고 옵션에 따른 퍼센트 등이 제시된다. 그림에서는 퍼센트 옵션이 열로 지정된 결과를 보여주고 있다.

마지막으로 **카이제곱 검정**에서는 두 변수의 관련성을 검증하는 **카이제곱**, 그리고 **유의확률** 등이 제시된다.

케이스 처리 요약

	케이스					
	유효		결측		전체	
	N	퍼센트	N	퍼센트	N	퍼센트
인종 * 지역	1517	100.0%	0	0.0%	1517	100.0%

인종 * 지역 교차표

			지역			
			북동부	남동부	서부	전체
인종	백인	빈도	582	307	375	1264
		지역 중 %	85.7%	74.0%	88.7%	83.3%
	흑인	빈도	82	94	28	204
		지역 중 %	12.1%	22.7%	6.6%	13.4%
	기타	빈도	15	14	20	49
		지역 중 %	2.2%	3.4%	4.7%	3.2%
전체		빈도	679	415	423	1517
		지역 중 %	100.0%	100.0%	100.0%	100.0%

카이제곱 검정

	값	자유도	근사 유의확률 (양측검정)
Pearson 카이제곱	53.168[a]	4	.000
우도비	52.151	4	.000
선형 대 선형결합	.204	1	.651
유효 케이스 수	1517		

a. 0 셀 (0.0%)은(는) 5보다 작은 기대 빈도를 가지는 셀입니다. 최소 기대빈도는 13.40입니다.

▌그림 6-15▐ 교차분석 통계분석의 결과

[결과 정리]

교차분석의 결과는 일반적으로 다음과 같은 표로 제시한다.

〈표 6-6〉 인종에 따른 거주 지역의 차이

구 분	북동부	남동부	서부	전체
백인	582 85.7%	307 74.0%	375 88.7%	1264 83.3%
흑인	82 12.1%	94 22.7%	28 6.6%	204 13.4%
기타	15 2.2%	14 3.4%	20 4.7%	49 3.2%

전체	679 100.0%	415 100.0%	423 100.0%	1517 100.0%

χ^2 = 53.168, 유의확률 = .000

앞의 표에서와 같이 교차표 각 셀에 관측빈도를 제시하고 그 아래에는 관측빈도의 퍼센트를 제시한다.

다음으로 표의 하단에 카이제곱(χ^2)과 유의확률을 제시한다.

[결론]

교차분석을 통해 <표 6-6>과 같은 통계 결과(표)를 얻었다면, 분석의 결론은 다음과 같다.

미국에서 인종과 거주 지역 간에 차이가 있다고 가정하고, 이를 검증하기 위하여 교차분석을 실시하였다.

분석결과, 백인은 서부에서 88.7%, 북동부에서 85.7%를 차지하여 이 지역에 보다 많이 거주하고 있다. 흑인은, 남동부에서 22.7%를 차지하여 이 지역에 보다 많이 거주하고 있으며, 기타인종은 서부에서 4.7%를 차지하여 이 지역에 보다 많이 거주하고 있다.

이러한 차이는 통계학적으로 의미 있는 차이(χ^2 = 53.168, 유의확률 = .000)로 나타났다. 따라서 미국에서 인종에 따른 거주 지역의 차이가 있다고 할 수 있다.

위와 같은 결과에 의하면 정치, 경제, 사회, 문화의 중심지인 북동부에 미국 사회의 주류인 백인이 보다 많이 거주하고 있으며, 거대 농업을 중심으로 하여 상대적으로 낙후된 남동부에 흑인이 보다 많이 거주하고 있음을 알 수 있다. 또한 비교적 최근에 개척된 신흥지역인 서부에 백인, 그리고 기타 인종이 보다 많이 거주하고 있음을 알 수 있다.

따라서 각 지역에서는 사회정책의 수립 및 집행 시 인종별 특성 등을 고려하는 인종 인지적 접근이 강조되어야 함을 제언할 수 있다.

[교차분석 유의사항]

교차분석과 관련한 대표적 오류는 각 셀에서 기대빈도가 매우 작은 경우 발생한다. 일반적으로 **기대빈도가 5 이하인 경우**, 의미 있는 교차분석을 진행할 수 없다.

5 이하 기대빈도의 셀이 있는지의 여부는 이미 교차분석결과에 표시되어 있다.

▌그림 6-16▐ 은 교차분석을 실시한 두 가지의 결과이다. 그림의 카이제곱 값에 **위첨자**[a]가 표시되어 있고, 그 설명이 표 아래 부분에 적여 있는데, 여기에 5 이하 기대 빈도 셀의 수가 적혀있다.

그림 중 왼쪽의 결과는 기대빈도 5이하의 셀이 없기 때문에, 계속 교차분석을 진행할 수 있다. 반면 오른쪽의 결과는 기대빈도 5이하의 셀이 2개나 되기 때문에 더 이상의 교차분석을 진행할 수 없다.

카이제곱 검정

	값	자유도	점근 유의확률 (양측검정)
Pearson 카이제곱	81.122[a]	4	.000
우도비	84.831	4	.000
선형 대 선형결합	.598	1	.439
유효 케이스 수	494		

a. 0 셀 (.0%)은(는) 5보다 작은 기대 빈도를 가지는 셀입니다. 최소 기대빈도는 21.91입니다.

카이제곱 검정

	값	자유도	점근 유의확률 (양측검정)
Pearson 카이제곱	75.613[a]	16	.000
우도비	82.630	16	.000
선형 대 선형결합	1.855	1	.173
유효 케이스 수	484		

a. 2 셀 (8.0%)은(는) 5보다 작은 기대 빈도를 가지는 셀입니다. 최소 기대빈도는 2.81입니다.

▌그림 6-16▐ 교차분석의 카이제곱 검증

5 이하인 기대빈도의 셀이 있어 더 이상의 교차분석이 불가능할 때, 일부 변수값을 변환한다면 관련 교차분석을 계속하여 진행할 수도 있다.

아래와 같은 교차표를 가정하자.[20]

〈표 6-7〉 인종에 따른 학력의 차이[21]

구 분		학력				전체
		초졸 이하	중졸	고졸	대졸 이상	
인종	백인	12 0.9	570 45.1%	307 24.3%	375 29.7%	1264 100.0%
	흑인	2 1.0%	80 39.2	94 46.1%	28 13.7%	204 100.0%
	기타	0 -	15 30.6%	14 28.6%	20 40.8%	49 100.0%
전체		14 1.0%	665 43.8%	415 27.4%	423 27.9%	1517 100.0%

χ^2= 102.168, 유의확률=.021

여기서 초졸 이하는 백인이 12건, 흑인이 2건이지만 기타 인종은 전혀 없다. 즉, 관측빈도가 5 이하인 셀이 두 개(위 표의 음영 표시 셀)나 된다.

이를 그대로 해석하면 백인과 흑인은 각각 초졸 이하가 0.9% 그리고 1.0% 가량 있으나, 기타 인종은 초졸 이하가 전혀 없다고 할 수 있다. 그러나 이는 조사대상의 수가 작기 때문에 나타난 극단적 결과일 수 있다. 만일 충분한 조사대상이 확보되었다면, 기타 인종의 초졸 이하도 다른 인종과 거의 유사한 비율로 나타났을지 모른다.

기타 인종의 초졸 이하가 전혀 없다는 것은 오류일 수 있다. 또한 이러한 오류 사실로 인해 **인종에 따른 학력의 차이**라는 가설 검증 과정에

20) 교차분석의 통계표에는 조사에 따른 관측빈도만을 제시하고 기대빈도는 생략한다. 따라서 이하 내용은 기대빈도와 관측빈도가 일정 상관관계를 가짐에 근거하여 기대빈도가 아닌 관측빈도에 의해 설명을 하고자 한다.

21) 이 표의 경우, 앞선 사례와는 달리 퍼센트 옵션을 행으로 하였다. 이는 설명 시 행의 퍼센트를 활용하는 것이 열의 퍼센트를 활용한 것보다 용이하기 때문이다.

도 심각한 통계학적 오류가 발생할 수 있다.

표에서와 같이 관측빈도가 5 이하인 셀이 있어도 통계값(χ^2 그리고 유의확률)은 산출된다. 그러나 이는 관측빈도가 작음에 따라, 통계값으로서 의미가 거의없다.

따라서 관측빈도 5 이하의 셀이 있는 경우, 그 통계값을 가설 검증과 관련하여 절대 활용할 수 없다. 만일 위의 교차표를 굳이 사용해야 한다면, 통계값(χ^2 또는 유의확률)은 반드시 생략하여야 한다.

이와 같이 특정 셀의 관측빈도가 5 이하인 경우, 이에 대처하는 방법은 변수값의 조정(코딩 변경)이다. 위의 예에서 두 개의 변수값, 즉 초졸 이하와 중졸을 하나의 변수값 중졸 이하로 통합한다면, 관측빈도 5 이하의 셀은 없어지고 오류의 가능성은 제거될 수 있다. 따라서 이러한 변환 이후 보다 타당한 결과를 구할 수 있고, 의미 있는 통계분석을 계속 진행할 수 있다.

〈표 6-8〉 인종에 따른 학력의 차이

구 분		학력			전체
		중졸 이하	고졸	대졸이상	
인종	백인	582 46.0%	307 24.3%	375 29.7%	1264 100.0%
	흑인	82 40.2	94 46.1%	28 13.7%	204 100.0%
	기타	15 30.6%	14 28.6%	20 40.8%	49 100.0%
전체		679 44.8%	415 27.4%	423 27.9%	1517 100.0%

χ^2= 53.168, 유의확률=.000

[결론 관련 유의사항][22)]

조사대상의 이해

통계분석의 결론은 조사대상이 누구냐에 따라 결론 및 논의 등이 다를 수 있다.

예를 들어, 성별과 취업직종에 차이가 있음이 분석되었다고 가정하자.

만일 이러한 분석이 일반 인구집단을 대상으로 했다면 위 결과에 근거하여 남성이나 여성의 특정 직종으로의 입직 저해요인의 파악 및 대처 방안 등을 논의할 수 있다.

그러나 조사대상이 시각장애인이었다면 위와 같은 일반적 내용 외에도 조사대상자의 일반 특성, 장애 특성, 직업 특성 등에 근거하여 여러 가지 내용을 논의할 수 있다.

조사대상에 대한 사전적 이해는 모든 연구에서 필수적인 과정이다. 특히 다른 연구자가 생산한 데이터 세트를 이용하는 경우, 이러한 과정은 더욱 강조된다고 할 수 있다. 따라서 본격적인 통계분석에 앞서 주요 변수에 대한 빈도분석 또는 기술통계 등을 실시함으로써 조사 대상에 대해 정확히 이해해야 한다.

연구가설의 채택과 기각

분석에서 통계학적으로 유의미한 사실, 즉 연구가설을 채택하는 경우만 중시하는 경향이 있다. 그러나 연구가설을 기각하는 경우에도 연구에 상당한 시사점을 줄 수 있다.

예를 들어, 성별과 취업직종에 차이가 있다는 연구가설을 기각하여 성

---

22) 기타 결론 관련 유의사항은 pp. 103-105 참조.

별과 취업직종에 차이가 없다는 결론에 이르렀다고 하자. 이 때 연구가설의 기각으로 더 이상의 논의를 진행하지 않는 경우가 많다. 그러나 연구가설의 기각, 즉 성별과 취업 직종의 차이가 없기 때문에 향후 성별과 관련 없이 모두를 대상으로 하는 보편적 노동 정책의 실시를 논의하는 근거가 될 수 있다.

이와 같이 연구가설이 채택되지 않는 경우에도 주목하여 다양한 연구 목적을 달성해야 한다.

상관분석

[상관분석]

이제까지 두 변수사이의 관계를 분석하는 통계방법으로 변수의 속성에 따라 첫째, 질적변수와 양적변수인 경우에 일원배치 분산분석 또는 독립표본 T검정, 둘째, 질적변수와 질적변수인 경우에 교차분석 등을 살펴보았다.

이제부터는 양적변수와 양적변수의 관계를 분석하는 통계방법, 즉 **상관분석**(Correlation analysis)에 대해 알아보고자 한다.

두 변수가 모두 양적변수인 경우, 두 변수 사이에 나타나는 공변을 바탕으로 일정한 관련성(상관)이 있는지를 파악할 수 있다.

일례로 **용돈과 친구 수에 상관이 있다**는 가설을 검증한다고 가정하자. **용돈과 친구** 수는 각각 양적변수이다. 이때 용돈이 많은 것과 친구가 많은 것이 상관이 있음을 가정할 수 있다. 이와 같이 양적변수 사이의 일정 비례관계를 파악해 내는 것이 상관분석이다.

변수들 간 상관관계의 정도를 파악하는 대표적인 통계값은 피어슨 상관계수(r)이다.

피어슨 상관계수는 두 변수사이의 상관관계를 -1에서 1사이의 숫자로 나타낸다. 복잡한 과정에 의해 산출되는 상관계수는 실제 분석에서 그 부호의 방향, 즉 양의 값인지 또는 음의 값인지가 실제적으로 활용된다.[23)]

구체적으로 상관계수의 부호가 양의 값인 경우, 정적 상관관계로서 한 변수의 증가와 다른 변수의 증가가 관련이 있음을 의미한다. 반면 상관계수가 음의 값인 경우, 부적 상관관계로서 한 변수의 증가와 다른 변수의 감소가 관련이 있음을 의미한다.

이와 같이 상관분석에서는 상관계수의 부호만으로 가설의 채택 및 기각 여부를 결정한다. 따라서 각 변수의 변수값 체계에 대한 정확한 이해를 바탕으로 해야만 올바른 해석에 이를 수 있다.

일례로 재산(돈)과 행복도의 상관을 파악하였는데 그 상관계수가 -.623으로 분석되었다고 가정하자.

상관계수가 음의 값이기 때문에 돈이 많아지는 것과 행복도가 낮아지는 것은 상관이 있다고 결론을 내릴 수가 있다. 그러나 이는 각 변수의 변수값 체계에 대한 정확한 이해를 전제로 하지 않았기 때문에 정반대의 결론으로 매듭되는 중대한 오류가 발생한 것이다.

---

23) 상관계수는 양(+)과 음(−)의 부호 외에도, 절대값의 크기로 관계의 강도를 파악할 수 있다. 상관계수의 절대값 크기는, 0부터 1까지의 값을 가지는데, r=0이면 전혀 상관관계가 없음을 의미하고, 0<r의 절대값≦0.3이면 약한 상관관계, 0.3<r의 절대값≦0.7 뚜렷한 상관관계, 0.7<r의 절대값<1 강한 상관관계, 그리고 r=1이면 자신과의 상관관계를 의미한다. 그러나 최근에는 이러한 방식의 논의는 대체로 생략한다.

이 사례에서 재산은 우리가 일상적으로 사용하는 돈의 금액으로 파악하였다. 그리고 행복도는 매우 행복 1, 행복 2, 보통 3, 불행 4, 매우 불행 5 등으로 파악하였다.

통계분석에 의한 상관계수는 의미론적 결론을 제시하는 것이 아니다. 단지 수의 조작에 의해 산출된 통계값에 근거하기 때문에 **수와 관련한 결론**을 제시한 것이다. 따라서 수와 관련한 결론, 즉 **재산 관련 측정점수의 증가**와 **행복도 측정점수의 감소**가 상관이 있다고 잠정 결론을 내려야 한다.

이후 각 변수의 변수값 체계를 고려하여 재산 관련 측정점수의 증가는 돈이 많다는 의미이고, 행복도 측정점수의 감소는 행복해진다는 의미임을 파악한 후, 돈이 많아지는 것과 행복해지는 것은 상관이 있다고 최종 결론을 내려야 한다.

상관계수의 부호에 따른 의미를 파악하였다고 분석이 완료된 것은 아니다. 즉, 상관계수의 통계학적 의미 여부를 판단하여야 하는데, 이러한 판단의 근거가 바로 **유의확률**이다. 유의확률은 상관관계가 있다고 할 때(연구가설 채택) 틀릴 가능성을 의미한다.

예를 들어, 두 변수 사이의 상관계수가 .629로 분석되었고, 유의확률이 .003이라고 가정하자. 그러면 두 변수의 상관관계가 있다고 할 때(연구가설 채택), 틀릴 가능성은 0.3%가 된다. 이는 일정 수준 이하의 오류이기 때문에 연구가설을 채택하여 두 변수는 통계학적으로 의미 있는 정적 상관관계를 가진다고 판정한다.

이와는 반대로 두 변수 사이의 상관계수가 .629로 분석되었고, 유의확률이 .234라고 가정하자. 그러면 두 변수의 상관관계가 있다고 할 때(연구가설 채택) 틀릴 가능성은 23.4%가 된다. 이는 일정 수준을 넘는 큰 오류이기 때문에 연구가설을 채택할 수 없다. 따라서 연구가설을 기각하여 두 변수 사이에는 의미 있는 상관관계가 나타나지 않았다고 판정한다.

┃두변수의 상관분석

[실행][24)]

SPSS pull down 메뉴 **분석**에서 하위메뉴 **상관분석** 중 **이변량 상관**을 실행한다(그림 6-17 참조).

┃그림 6-17┃ 상관분석의 Spss pull down 메뉴

---

24) 본 절의 통계결과는 저자의 학습 카페(http://cafe.daum.net/johnkl) SPSS학습자료 중 「수원시 어르신 생활실태.sav」에 근거한다.

이후 다음과 같은 **이변량 상관계수** 대화창이 실행되면 분석하고자 하는 변수를 지정하면 된다.

▌그림 6-18▐ 은 **경제수준**과 **생활만족**을 지정하여 상관관계를 분석한 것이다.

일원배치 분산분석이나 독립표본 T검정에서는 두 변수 중 한 변수(질적변수)는 집단 구분의 근거로, 또 다른 변수(양적변수)는 평균값의 비교의 변수로 구분하여 지정하였다. 또 교차분석에서도 두 변수는 행이나 열로 구분하여 지정하였다.

그러나 상관분석에서는 양적변수인 두 변수 사이의 상관을 분석하는 것이기 때문에 별도의 구분 없이 아래 그림과 같이 동시에 지정한다.

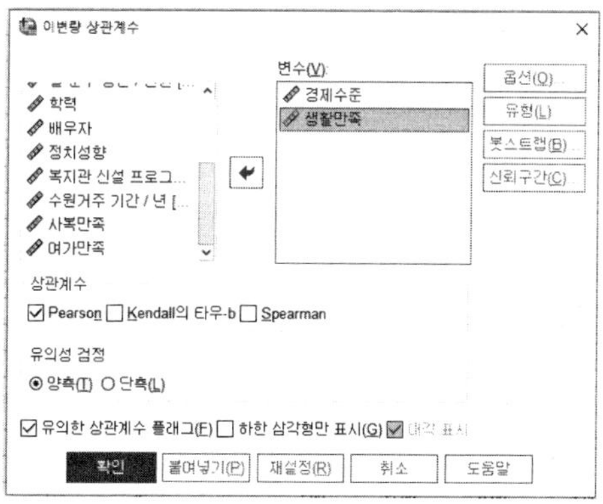

▌그림 6-18▐ 상관분석 실행명령의 대화창

▌그림 6-18▐ 에서와 같이 **이변량 상관계수**의 대화창에는 여러 옵션이 있다. 그런데 이미 Pearson 상관계수, 양측 유의성 검정, 유의한 상관계수 플래그 등이 선택되어 있는데, 이는 가장 일반적으로 활용되는 옵션이다. 따라서 별다른 분석의 의도가 있지 않다면 추가 옵션을 지정하지 않아도 된다.

[분석결과]

상관분석의 결과는 ▮그림 6-19▮와 같이 비교적 단순하게 정리된다. 분석에 투입된 두 변수가 행과 열에 나열되고 행과 열이 교차하는 셀에 해당 분석의 결과가 제시된다.

먼저 **경제수준**과 **경제수준** 그리고 **생활만족**과 **생활만족**의 상관은 자신과 자신의 상관이기 때문에 간략하게 1로 표시된다.[25]

그리고 **경제수준**과 **생활만족**, **생활만족**과 **경제수준**은 동일한 상관관계를 나타낸다.

상관분석에서 두 변수의 상관은 Pearson **상관계수**, **유의확률**(양측) 그리고 사례의 수(N) 등으로 매우 간략하게 제시된다.

먼저 **경제수준**과 **생활만족**의 상관계수는 음의 값이기 때문에 두 변수는 부적 상관을 갖는다. 즉, **경제수준**의 측정점수가 높아지는 것과 **생활만족**의 측정점수가 낮아지는 것은 상관이 있다.

한데 변수 정의[26] 등에 의하면 **경제수준**의 측정점수가 높아지는 것은 경제수준이 높음을 의미하고, **생활만족**의 측정점수가 낮아지는 것은 생활에 대해 만족함을 의미한다. 따라서 경제수준이 높아지는 것과 생활에 대해 만족하는 것은 상관이 있다고 의미를 파악하면 된다.

---

25) 상관분석에서 1은 자신과 자신의 상관을 의미하며, 0은 전혀 상관이 없는 평행의 관계를 의미한다.

26) 경제수준은, 매우 낮음 1, 낮음 2, 보통 3, 높음 4, 매우 높음 5 등으로, 생활만족은, 매우 높음 1, 높음 2, 보통 3, 낮음 4, 매우 낮음 5 등으로 부호화하였다.

상관관계

		경제수준	생활만족
경제수준	Pearson 상관	1	-.835**
	유의확률 (양측)		<.001
	N	498	498
생활만족	Pearson 상관	-.835**	1
	유의확률 (양측)	<.001	
	N	498	498

**. 상관관계가 0.01 수준에서 유의합니다(양측).

▌그림 6-19▐ 상관분석 통계분석의 결과

산출된 상관계수가 통계학적으로 의미 있는 수준인지의 여부는 다음의 **유의확률**을 통해 파악되어야 한다. 그림에 의하면 **경제수준**과 **생활만족**의 상관계수는 −.835, 그리고 **유의확률**은 .001이다. 따라서 두 변수가 상관이 있다고 할 때(연구가설의 채택), 틀릴 가능성이 0.1%이다. 따라서 통계학적으로 의미 있는 수준의 상관관계라 할 수 있다.

이와 같이 상관계수의 통계학적 유의미성은 유의확률을 통해 파악할 수 있는데, 상관분석에서는 이미 이러한 과정이 수행되어 있다. 즉, 통계학적으로 의미 있는 상관관계인 경우, 상관계수의 오른쪽에 ** 등이 자동 표시되어 있다.[27)]

[결과 정리]

상관분석의 결과는 ▌그림 6-19▐와 같이 상관계수, 유의확률 그리고 사례의 수(N) 등으로 매우 간략하다. 따라서 표를 생략하는 경우도 많다.

27) 이는 **이변량 상관계수** 대화창 옵션에서 **유의한 상관계수 플래그**를 지정한 결과, 자동 수행된 것이다.

〈표 6-9〉 경제수준과 생활만족의 상관관계

구 분		생활만족
경제수준	Pearson 상관계수	-.835**
	유의확률 (양쪽)	.001
	N	498

[결론]

상관분석을 통해 <표 6-9>와 같은 통계 결과(표)를 얻었다면, 분석의 결론은 다음과 같다.

수원시 어르신의 **경제수준과 생활만족의 상관이** 있는 것을 가정하고, 이를 검증하기 위하여 상관분석을 실시하였다.

분석결과, **경제수준**과 **생활만족**은 부적 상관이 있어 **경제수준**의 측정점수가 높은 것과 **생활만족**의 측정점수가 낮은 것은 상관이 있었다(상관계수=-.835, 유의확률=.000). 즉, 경제수준이 높은 것과 생활에 대해 만족하는 것은 상관이 있다고 할 수 있다.

여러 변수들의 상관분석

[실행][28)]

SPSS pull down 메뉴 **분석**에서 하위메뉴 **상관분석** 중 **이변량 상관**을 실행한다(그림 6-20 참조).

28) 본 절의 통계결과는 저자의 학습 카페(http://cafe.daum.net/johnkl) SPSS 학습자료 중「대학생의 생활실태와 시험성적.sav」에 근거한다.

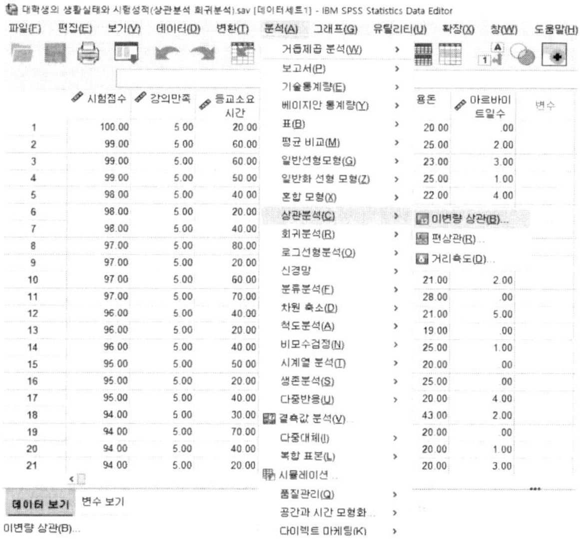

❙그림 6-20❙ 상관분석의 SPSS pull down 메뉴

이후 다음과 같은 이변량 상관계수 대화창이 실행되면 분석하고자 하는 변수를 지정하면 된다.

❙그림 6-21❙은 시험점수, 강의만족, 등교소요시간, 주간음주횟수, 일상연락친구수, 용돈, 아르바이트일수 등을 지정하여 여러 상관관계를 동시에 분석한 것이다.

이제까지 일원배치 분산분석, 독립표본 T검정, 교차분석 등에서는 한 변수와 또 다른 한 변수 사이의 관계를 분석하였다. 그러나 상관분석에서는 여러 변수들 사이의 상관관계를 동시에 분석할 수 있다.

특히 분석결과가 상관계수 및 유의확률 등으로 간단하게 요약되기 때문에 하나의 결과만이 아니라 여러 가지 상관관계 결과를 동시에 제시하는 것이 보다 일반적이다.

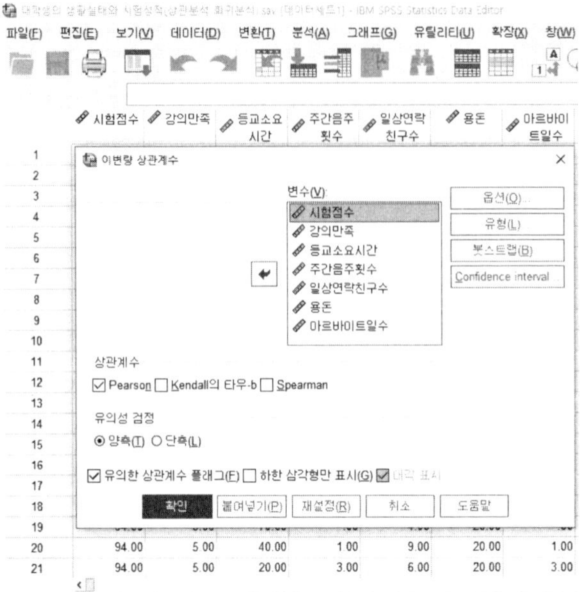

❙그림 6-21❙ 상관분석 실행명령의 대화창

❙그림 6-21❙에서와 같이 **이변량 상관계수**의 대화창에는 여러 옵션이 있다. 그런데 이미 Pearson 상관계수, 양측 유의성 검정, 유의한 상관계수 플래그 등이 선택되어 있는데, 이는 가장 일반적으로 활용되는 옵션이다. 따라서 별다른 분석의 의도가 있지 않다면 추가 옵션을 지정하지 않아도 된다.

[분석결과]

상관분석의 결과는 ❙그림 6-22❙와 같이 비교적 단순하게 정리된다. 종축과 횡축에 분석되는 변수가, 동일 순서대로 표시되고 각 변수들이 교차하는 셀에 그 상관관계가 압축적으로 요약된다. 아래 그림에서 보는 바와 같이 각 변수가 교차하는 셀에 Pearson 상관, 유의확률(양측)

그리고 유효사례의 수(N)가 차례로 표시된다.

첫 번째 행은, **시험점수**와 다른 변수들과의 상관관계를 분석한 결과를 보여주고 있다.

구체적으로 첫 행의 첫 번째 열은 **시험점수**와 **시험점수**, 즉 자신과 자신의 상관이기 때문에 상관계수가 1이다.

두 번째 열은 **시험점수**와 **강의만족**의 상관으로 그 계수가 .952, 세 번째 열은, **시험점수**와 **등교소요시간**으로 그 계수가 −.587, 네 번째, **시험점수**와 **주간음주횟수**로 .074, 다섯 번째, **시험점수**와 **일상연락친구수**로 .142, 여섯 번째, **시험점수**와 **용돈**으로 −.119, 일곱 번째, **시험점수**와 **아르바이트일수**로 .012 등이다.

상관관계

		시험점수	강의만족	등교소요시간	주간음주횟수	일상연락친구수	용돈	아르바이트일수
시험점수	Pearson 상관	1	.952**	-.587**	.074	.142	-.119	.012
	유의확률 (양측)		.000	.000	.397	.102	.174	.888
	N	133	133	133	133	133	133	133
강의만족	Pearson 상관	.952**	1	-.533**	.091	.158	-.095	-.006
	유의확률 (양측)	.000		.000	.299	.069	.277	.948
	N	133	133	133	133	133	133	133
등교소요시간	Pearson 상관	-.587**	-.533**	1	-.174*	-.188*	.014	-.115
	유의확률 (양측)	.000	.000		.045	.030	.874	.186
	N	133	133	133	133	133	133	133
주간음주횟수	Pearson 상관	.074	.091	-.174*	1	.435**	.735**	.481**
	유의확률 (양측)	.397	.299	.045		.000	.000	.000
	N	133	133	133	133	133	133	133
일상연락친구수	Pearson 상관	.142	.158	-.188*	.435**	1	.196*	.182*
	유의확률 (양측)	.102	.069	.030	.000		.024	.036
	N	133	133	133	133	133	133	133
용돈	Pearson 상관	-.119	-.095	.014	.735**	.196*	1	.338**
	유의확률 (양측)	.174	.277	.874	.000	.024		.000
	N	133	133	133	133	133	133	133
아르바이트일수	Pearson 상관	.012	-.006	-.115	.481**	.182*	.338**	1
	유의확률 (양측)	.888	.948	.186	.000	.036	.000	
	N	133	133	133	133	133	133	133

**. 상관관계가 0.01 수준에서 유의합니다(양측).

*. 상관관계가 0.05 수준에서 유의합니다(양측).

┃그림 6-22┃ 상관분석 통계분석의 결과

산출된 상관계수가 통계학적으로 의미 있는 수준인지의 여부는 각각의 **유의확률**을 통해 파악되어야 한다.

먼저 **시험점수**와 **강의만족**의 상관계수는 .952이고 이때의 유의확률은 .000으로, **두 변수가 상관이 있다**고 할 때(연구가설의 채택), 틀릴 가능성이 0.0%이다. 따라서 통계학적으로 의미 있는 수준의 상관관계이다.

다음으로 **시험점수**와 **등교소요시간**의 상관계수는 −.587, 유의확률은 .000으로, **두 변수가 상관이 있다**고 할 때(연구가설 채택), 틀릴 가능성이 0.0%이다. 따라서 통계학적으로 의미 있는 수준의 상관관계이다.

시험점수와 **주간음주횟수**의 상관계수는 .074, 유의확률은 .397로, **두 변수가 상관이 있다**고 할 때(연구가설 채택), 틀릴 가능성이 39.7%이다. 따라서 통계학적으로 의미 있는 상관관계가 아니다.

이러한 방식으로 각각 두 변수의 상관관계 그리고 통계학적 의미 여부를 파악하면 된다.

위와 같이 각 상관계수의 통계학적 의미를 해당 유의확률을 통해 파악할 수 있는데, 상관분석에서는 이미 이러한 과정이 수행되어 있다. 즉, 통계학적으로 의미 있는 상관관계인 경우, 상관계수의 오른쪽에 * 또는 ** 등으로 표시되어 있다.[29] 따라서 실제 분석에서는 *가 표시되지 않은 상관계수는 통계학적으로 의미가 없기 때문에 제외하고, *가 표시된 상관계수를 선택하여 분석하면 된다.[30]

---

29) 이는, **이변량 상관계수** 대화창 옵션에서 **유의한 상관계수 플래그**를 지정한 결과, 자동 수행된 것이다.

30) 앞선 교차분석, 독립표본 T검정, 일원배치분석 등의 통계방법에서는 .100을 기준으로 하여 유의확률을 판정하였다. 즉, 연구가설을 채택하는 과정에서 10% 미만의 오류는 용인하였다.
그러나 본 장의 상관분석 그리고 다음 장에서 다룰 회귀분석의 경우에는 보다 엄격한 통계 과정을 거치기 때문에 유의확률의 수준을 낮추어 5% 미만의 오류를 용인한다.

앞의 경우 첫 번째 행에서 시험점수와 강의만족의 상관관계(유의확률=.000), 그리고 시험점수와 등교소요시간의 상관관계(유의확률=.000) 등에 *가 표시되어 통계학적으로 유의미한 상관관계로 분석된다. 반면 시험점수와 주간음주횟수의 상관관계(유의확률=.397), 시험점수와 일상연락친구수의 상관관계(유의확률=.102), 시험점수와 용돈의 상관관계(유의확률=.174), 시험점수와 아르바이트일수의 상관관계(유의확률=.888) 등에 *가 표시되지 않음에 따라 통계학적으로 의미 없는 상관관계로 분석된다.

이 사례에서 통계학적으로 유의미하다고 분석된 시험점수와 강의만족 그리고 시험점수와 등교소요시간의 상관관계 등을 통해 구체적인 상관분석의 내용을 알아보고자 한다.

먼저 시험점수와 강의만족의 상관분석에서 두 변수 사이의 상관계수는 .952이고 유의확률은 .000이다. 상관계수가 양의 값이기 때문에 두 변수는 정적 상관이고, 그 기본적인 의미는 시험점수 관련 측정점수와 강의만족 관련 측정점수가 정비례한다는 것이다.

그런데 시험점수 관련 측정점수 그리고 강의만족 관련 측정점수가 무엇인지 이 표만으로는 알 수가 없다. 따라서 보다 상세한 내용을 파악하기 위해 설문지 그리고 그 부호화 지침 등을 참조해야 한다.

참조 결과 이 조사에서 시험점수는 100점 만점을 기준으로 하고 있다. 또한 강의만족은 불만족하는 경우 1, 불만족 2, 보통 3, 만족 4, 매우 만족 5 등으로 측정하였다. 이와 같이 설문 및 부호화의 내용을 파악한 이후 위의 시험성적 관련 측정점수가 높다는 것, 그리고 강의만족 관련 측정점수가 높다는 것의 의미를 확정하고, 최종적인 상관관계를 제시해야 한다. 즉, 시험점수가 좋은 것과 강의에 대해 만족하는 것은 상관이 있다고 최종 결론을 내린다.

다음으로 **시험점수**와 **등교소요시간**의 상관분석에서 두 변수 사이의 상관계수는 −.587이고, 유의확률은 .000이다. 유의확률에 의하면 두 변수의 상관은 통계학적으로 유의미한 수준이며, 상관계수가 음의 값이기 때문에 부적 상관관계이다.

시험점수에 대한 부호화 지침은 앞과 동일하고, **등교소요시간**은 소요시간을 분 단위로 측정한 결과이다. 따라서 **시험성적**의 측정점수가 높아지는 것과 **등교소요시간**의 측정점수가 낮아지는 것이 상관이 있다는 것으로, 그 의미는 시험점수가 높아지는 것과 등교 소요시간이 짧은 것은 상관이 있다는 것이다.

[결과 정리]

상관분석의 결과는 매우 압축적으로 정리되어 있기 때문에 보고서 등에 그대로 활용하면 된다.

단, 통계분석결과는 자신과 자신의 관계를 의미하는 상관계수 1을 잇는 대각선을 기준으로 이중으로 중복되어 있다. 따라서 한 쪽은 생략하고 활용한다. 일반적으로 다음의 표에서와 같이 우측 상단의 결과를 주로 활용한다.

〈표 6-10〉 주요 변수의 상관관계

구 분		시험점수	강의만족	등교 소요시간	주간 음주횟수	일상연락 친구수	용돈	아르바이트 일수
시험 점수	Pearson 상관	1	.952**	-.587**	.074	.142	-.119	.012
	유의확률		.000	.000	.397	.102	.174	.888
	N		133	133	133	133	133	133

강의 만족	Pearson 상관		1	-.533**	.091	.158	-.095	-.006
	유의확률			.000	.299	.069	.277	.948
	N			133	133	133	133	133
등교 소요 시간	Pearson 상관			1	-.174*	-.188*	.014	-.115
	유의확률				.045	.030	.874	.186
	N				133	133	133	133
주간 음주 횟수	Pearson 상관				1	.435**	.735**	.481**
	유의확률					.000	.000	.000
	N					133	133	133
일상 연락 친구수	Pearson 상관					1	.196*	.182*
	유의확률						.024	.036
	N						133	133
용돈	Pearson 상관						1	.338**
	유의확률							.000
	N							133
아르 바이트 일수	Pearson 상관							1
	유의확률							
	N							

[결론]

상관분석을 통해 <표 6-10>과 같은 통계 결과(표)를 얻었다면, 분석의 결론은 다음과 같다.

사회복지학과 학생들의 시험점수, 강의만족, 등교 소요시간, 주간음주횟수, 일상연락 친구 수, 용돈, 아르바이트일수 등이 상관관계가 있는 것으로 가정하고 이를 검증하기 위하여 상관분석을 실시하였다.

분석 결과 시험점수와 강의만족, 시험점수와 등교소요시간, 강의만족과 등교소요시간, 등교소요시간과 주간음주횟수, 등교소요시간과 일상연락친구수, 주간음주횟수와 일상연락친구수, 주간음주횟수와 용돈, 주간음주횟수와 아르바이트일수, 일상연락친구수와 용돈, 일상연락친구수와 아르바이트일수, 용돈과 아르바이트일수 등은 유의미한 수준에서 상관관계가 나타났다.

통계학적 유의미하다고 분석된 상관관계의 의미는 다음과 같다.[31)32)]

1) 시험점수와 강의만족은 정적 상관이 있어 시험점수가 좋은 것과 강의만족이 높은 것은 상관이 있다(상관계수=.952, 유의확률=.000).
2) 시험점수와 등교소요시간은 부적 상관이 있어 시험성적이 좋은 것과 등교시간이 짧은 것은 상관이 있다(상관계수=-.587, 유의확률=.000).
3) 강의만족과 등교소요시간은 부적 상관이 있어 강의만족이 높은 것

31) 상관관계의 의미를 정확하게 파악하기 위하여 부호화의 지침을 반드시 파악하여야 한다. 만일 부호화 지침을 숙지하지 못하면 정반대의 의미로 해석할 수도 있기 때문에 특히 유의하여야 한다.
이 사례에서의 부호화 지침은 다음과 같음.
- 강의만족 : 매우 불만족 1, 불만족 2, 보통 3, 만족 4, 매우 만족 5
- 시험성적 : 100점 만점 기준
- 등교소요시간 : 등교에 소요되는 시간을 분 단위로 계산
- 주간음주횟수 : 매주 음주하는 평균 횟수
- 일상연락친구수 : 주 1회 이상 연락하는 친구의 수
- 용돈 : 월 평균 용돈액
- 아르바이트 일수 : 주 단위 아르바이트 일수.

32) 아래 상관분석의 통계학적 사실을 바탕으로 다양한 연구자의 제언이 있을 수 있다. 그러나 그 내용이 너무 많기 때문에 본 교재에서는 생략한다.

과 등교시간이 짧은 것은 상관이 있다(상관계수=-.533, 유의확률 =.000).

4) 등교소요시간과 주간음주횟수는 부적 상관이 있어 등교소요시간이 긴 것과 음주횟수가 적은 것은 상관이 있다(상관계수=-.174, 유의확률=.045).

5) 등교소요시간과 일상연락친구수는 부적 상관이 있어 등교소요시간이 긴 것과 일상연락친구수가 적은 것은 상관이 있다(상관계수 -.188, 유의확률=.030).

6) 주간음주횟수와 일상연락친구수는 정적 상관이 있어 주간음주횟수가 많은 것과 일상연락친구수가 많은 것은 상관이 있다(상관계수 =.435, 유의확률=.000).

7) 주간음주횟수와 용돈은 정적 상관이 있어 주간 음주횟수가 많은 것과 용돈이 많은 것은 상관이 있다(상관계수=.735, 유의확률=.000).

8) 주간음주횟수와 아르바이트일수는 정적 상관이 있어 주간 음주횟수가 많은 것과 아르바이트일수가 많은 것은 상관이 있다(상관계수 =.481, 유의확률=.000).

9) 일상연락친구수와 용돈은 정적 상관이 있어 일상연락 친구 수가 많은 것과 용돈이 많은 것은 상관이 있다(상관계수=.196, 유의확률=.024).

10) 일상연락친구수와 아르바이트일수는 정적 상관이 있어 일상연락 친구 수가 많은 것과 아르바이트일수가 많은 것은 상관이 있다 (상관계수=.182, 유의확률=.036).

11) 용돈과 아르바이트일수는 정적 상관이 있어 용돈이 많은 것과 아르바이트일수가 많은 것은 상관이 있다(상관계수=.338, 유의확률 =.000).

결론 관련 유의사항[33)]

조사대상의 이해

통계분석의 결론은 조사대상이 누구냐에 따라 결론 및 논의 등이 다를 수 있다.

예를 들어, 출퇴근 소요시간과 직장생활만족도의 정적 상관이 분석되었다고 가정하자. 만일 이러한 분석을 일반 인구집단을 대상으로 했다면, 출퇴근 지원과 직장생활 만족도의 정적 상관에 근거하여 출퇴근 지원 등 일정 논의를 진행할 수 있다.

그러나 조사대상이 시각장애인이었다면 위와 같은 일반적 내용 외에도 조사대상자의 일반 특성, 장애 특성, 직업 특성 등에 근거하여 여러 가지 내용을 논의할 수 있다.

조사대상에 대한 사전적 이해는 모든 연구에서 필수적인 과정이다. 특히 다른 연구자가 생산한 데이터 세트를 이용하는 경우, 이러한 과정은 더욱 강조된다고 할 수 있다. 따라서 본격적인 통계분석에 앞서 주요 변수에 대한 빈도분석 또는 기술통계 등을 실시함으로써 조사 대상에 대해 정확히 이해해야 한다.

연구가설의 채택과 기각

분석에서 통계학적으로 유의미한 사실, 즉 연구가설을 채택하는 경우만 중시하는 경향이 있다. 그러나 연구가설을 기각하는 경우에도 연구에 상당한 시사점을 줄 수 있다.

---

33) 기타 결론 관련 유의사항은 pp. 103-105 참조.

예를 들어, 시험성적과 아르바이트일수의 상관관계는 통계학적으로 유의미하지 않아 기각하였다고 가정하자. 그런데 이러한 통계 결과는 아르바이트일 수의 증감과 시험성적의 증감은 아무런 상관이 없음을 의미하는 것이고, 이는 주요한 시사점을 줄 수도 있다.

이와 같이 연구가설이 채택되지 않는 경우에도 주목하여 다양한 연구 목적을 달성해야 한다.

제7장

변수들 간의 통계분석

제7장 변수들 간의 통계분석

상관분석과 회귀분석

앞 장의 **상관분석**은 두 변수 사이에 관련이 있음을 공변에 근거하여 분석하는 방법이다. 따라서 그 결과는 한 변수의 증감이 다른 변수의 증감과 관련이 있다고 설명된다.

한편 **회귀분석**은 보다 깊이 있는 분석으로 두 변수를 각각 독립변수와 종속변수로 설정하고 그 인과관계를 분석하는 방법이다. 따라서 그 결과는 하나의 변수가 하나의 변수에 영향을 미친다고 설명된다.

예를 들어, 상관분석에 의해 용돈과 친구의 수가 정적인 상관이 있다면, 그 설명은 **용돈이 많아지는 것과 친구수가 많아지는 것은 상관이 있다**고 제시된다. 반면 회귀분석에 의해 독립변수 용돈이 종속변수 친구의 수에 긍정적 영향을 미치는 변수로 분석되었다면, 그 설명은 **용돈이 많을수록 친구의 수가 많아진다**로 제시된다.[1)]

---

1) 상관분석은 횡단적으로 두 현상이 관련이 있음을 분석하는 반면 회귀분석은 독립변수가 선행하고 이어 종속변수가 뒤따르는 종단적 수준에서 인과관계를 분석한다.

▌회귀분석

이제까지 하나의 변수를 요약하는 통계방법으로 빈도분석과 기술통계을 살펴보았다. 그리고 두 변수사이의 관계를 파악하는 통계방법으로 일원배치 분산분석, 독립표본 T검정, 교차분석, 상관분석 등도 살펴보았다.

이제부터는 여러 변수들 사이의 관계를 분석하는 대표적 방법인 회귀분석(Regression analysis)에 대해 알아보고자 한다.

우선 단순 사례를 통해 회귀분석의 기본 개념을 파악하고자 한다.

▌그림 7-1▐ 에서 X축은 **용돈** 그리고 Y축은 **친구수**이다. 이때 실제 측정을 통해 용돈이 얼마인 사람(X_1)이 사귀는 친구가 몇 명(Y_1)이라는 하나의 순서쌍(X_1, Y_1)을 구할 수 있다. 예를 들어, 용돈이 10만원인 사람이 친구가 5명이면, 그 순서쌍은 (10, 5)[2]이다. 이와 같은 방식으로 여러 사람들을 대상으로 그의 용돈 그리고 친구의 수를 파악하였다면, 그 결과는 다수의 순서쌍으로 다음 그림[3]과 같이 표현될 수 있다.

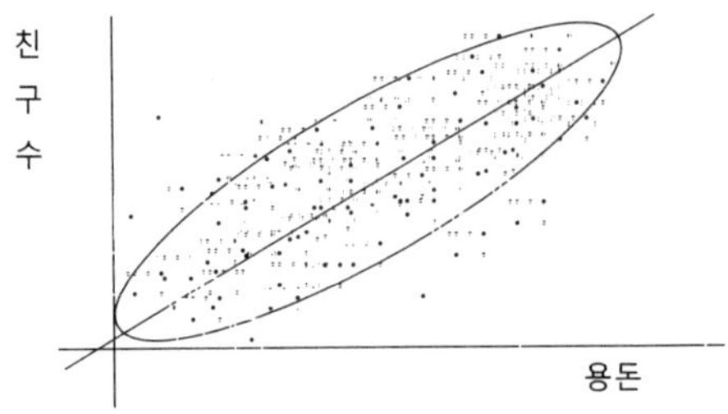

▌그림 7-1▐ 용돈과 친구수의 산점도

2) 용돈의 단위는 만 원이다.

3) 이와 같은 그림을 **산점도**라고 한다.

이때 측정의 결과들, 즉 모든 순서쌍을 요약한다는 것은 쉬운 일이 아니다. 그러나 순서쌍들이 하나의 타원형 안에 대부분 포함된다고 가정하면[4] 그 타원의 중심을 지나는 하나의 직선을 구할 수 있다. 그리고 이 직선[5]이 모든 순서쌍을 단순화(회귀)하여 하나로 요약한 결과라고 볼 수 있다.

이러한 방식으로 하나의 직선이 파악되었다면 그 직선은 **친구수(Y) = b + a₁ × 용돈(X)**라는 하나의 함수[6]로 표현될 수 있다. 이와 같이 회귀분석은 다수의 측정들을 한 직선으로 단순화(회귀)함으로써 기울기 및 절편을 포함하는 하나의 함수, 즉 회귀식을 구하는 방법이다.

예를 들어, 측정된 다수의 순서쌍으로부터 **친구수(Y) = −1 + .053 × 용돈(X)**이라는 하나의 회귀식을 구했다고 가정하자. 이때 각 순서쌍의 용돈을 회귀식의 X에 대입할 때, 함수의 연산을 통해 친구의 수를 얻을 수 있다. 물론 구해진 친구 수가 순서쌍의 실제 측정과 반드시 일치하지는 않는다. 하지만 어떤 함수에 의한 경우보다도 그 결과는 실제 측정에 근접해 있다.

특히 이러한 회귀식을 통해 용돈과 친구 수 사이의 일반 법칙을 파악할 수 있다. 즉, 앞의 회귀식에서 용돈이 친구 수에 정적인 영향을 미친다[7]는 사실을 파악할 수 있는 것이다.

나아가 보다 체계적으로 마련된 회귀식이라면, 이를 활용하여 특정

---

4) 산점도에서 하나의 타원을 설정하기 위해 일부 극단적인 순서쌍 등은 제외할 수 있다.

5) 회귀식을 구하는 수학적 방법을 간략히 설명하면 다음과 같다. 우선 산점도 타원형의 중앙을 지나는 임의 직선을 가정한다. 그리고 각각의 점에서 이 임의의 직선에 수선발을 내리고, 이 수선발의 길이를 모두 더한다. 이때 수선발 길이의 합이 가장 작은 경우가 두 변수의 인과관계를 설명하는 최적의 직선(회귀식)이라고 할 수 있다.

6) 친구 수(Y) = a_1 × 용돈(X) + b에서 친구수(Y)는 종속변수, 용돈(X)는 독립변수, 그리고 a_1은 X의 기울기, b는 Y축 절편이다.

7) 정적 영향을 미친다는 판단은 위 회귀식에서 용돈의 기울기가 +인 .053이라는 사실에 근거한다.

사실도 예측할 수 있다. 즉, 누군가가 용돈이 30만 원이라고 한다면, 그의 친구수는 위 회귀식에 의해 4.702 + .053 × 30(용돈) 즉, 6.292로 예측할 수 있는 것이다.

[회귀분석 투입변수]

회귀분석은 변수들 사이의 변량에 근거하여 인과관계를 추정하는 고급 통계방법이다. 복잡한 수식이 전개되기 때문에 회귀분석에서 변량은 해당 변수가 양적변수인 경우에만 유효한 의미를 가진다. 만일 변수가 단지 구분을 위한 것, 즉 질적변수인 경우, 그 변량은 아무런 의미를 가지지 못한다. 따라서 회귀분석에서 활용하는 모든 변수는 반드시 양적변수여야 한다.

이러한 맥락에서 회귀분석 실시에 앞서 투입 변수들에 대해 각각 그 변수정의를 확인하고, 양적변수임을 분명히 해야 한다. 당연히 변수 유형은 숫자여야 하고, 그 값은 일련의 수로서 의미를 가져야 한다.

이외에도 특정 변수의 경우, 보다 정확한 측정 사실을 반영하기 위해 변환이 요구되기도 한다. 대표적인 사례가 학력의 경우이다. 학력은 무학에서부터 대학원 졸까지 서열변수로 측정하는 것이 일반적이다. 물론 이를 그대로 회귀분석의 변수로 투입할 수도 있다. 그러나 학력을 수학기간으로 변환한다면, 보다 사실에 근접한 정확한 양적 정보를 구할 수 있는 것이다.[8)]

변수가 질적임에도 불구하고, 연구 목적상 분석에 투입해야 하는 경우[9)]도 있다. 이때 활용하는 방법이 질적변수를 양적변수로 변환하는

8) 무학의 1 대신 그 수학기간을 고려하여 0으로, 초졸은 2가 아닌 6, 중졸 3은 9, 고졸 4는 12, 대졸 5는 16, 대학원졸 6은 18 등으로 변환할 수 있다.

가변수 처리(Dummy coding)이다. 예를 들어, 성별은 남자 1, 그리고 여자 2 등으로 파악되는 대표적인 질적변수이다. 이러한 성별을 회귀분석에 투입하는 경우, 여자 1, 그리고 남자 0으로 처리하여 분석에 투입할 수가 있다. 즉, 여성성이 있는 경우 1이고, 여성성이 없는 경우 0으로 변환된 가변수를 투입하는 것이다.

단순회귀분석

단순회귀분석(Simple linear regression)은 두 변수를 각각 독립변수와 종속변수로 설정하고, 그 인과관계를 검증하는 통계방법이다.

용돈이 많을수록 일상연락 친구 수가 늘어난다는 가설 검증의 사례를 통해 단순회귀분석의 구체적인 내용을 알아보고자 한다.

[실행][10)]

SPSS pull down 메뉴 **분석**에서 하위메뉴 **회귀분석** 중 **선형**을 실행한다(그림 7-2 참조).

---

9) 질적변수임에도 회귀식에 변수로 투입하는 경우는, 여성성 유무, 종교 유무, 배우자 유무, 장애 유무, 자격증 유무, 프로그램이수 여부, 취업 여부 등 매우 다양하다. 특히 질적변수를 회귀분석의 종속변수로 설정하기도 하는데, 이때 종속변수의 변량이 특수하기 때문에 회귀분석 중 로지스틱회귀분석을 실시한다.

10) 본 절의 통계결과는 저자의 학습 카페(http://cafe.daum.net/johnkl) SPSS학습자료 중「대학생의 생활실태와 시험성적.sav」에 근거한다.

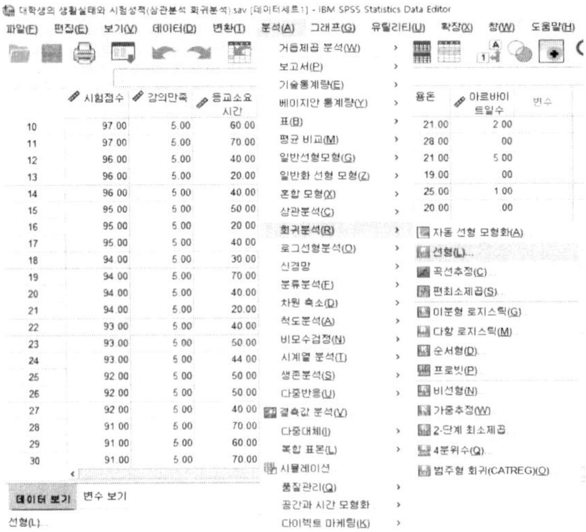

Ⅰ그림 7-2Ⅰ 회귀분석의 SPSS pull down 메뉴

이후 Ⅰ그림 7-3Ⅰ과 같은 대화창이 실행되면 회귀분석에 활용될 종속변수와 독립변수를 각각 설정한다. 가설이 **용돈이 많을수록 일상연락친구 수가 늘어난다는 것이기** 때문에 **용돈을** 독립변수로, **일상연락친구수**를 종속변수로 설정한다. 이후 **확인을** 누르면 회귀분석이 실행된다.

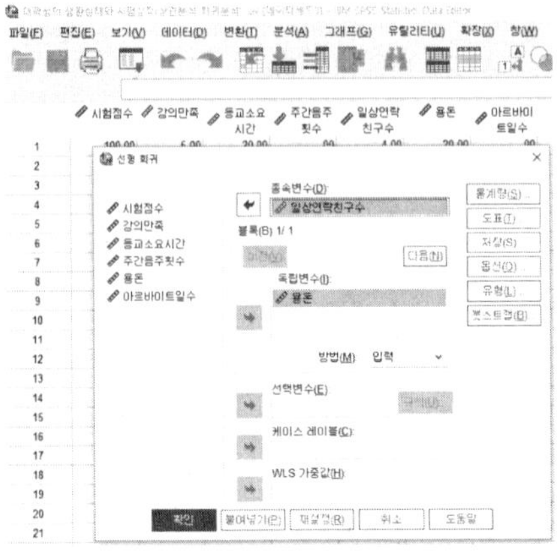

Ⅰ그림 7-3Ⅰ 회귀분석 실행명령의 대화창

[분석결과]

위의 실행을 통해 얻어진 회귀분석의 결과는 ▌그림 7-4▐ 와 같다.

입력/제거된 변수[a]

모형	입력된 변수	제거된 변수	방법
1	용돈[b]		입력

a. 종속변수: 일상연락친구수

b. 요청된 모든 변수가 입력되었습니다.

모형 요약

모형	R	R 제곱	수정된 R 제곱	추정값의 표준오차
1	.196[a]	.039	.031	1.66123

a. 예측자: (상수), 용돈

ANOVA[a]

모형		제곱합	자유도	평균제곱	F	유의확률
1	회귀	14.480	1	14.480	5.247	.024[b]
	잔차	361.520	131	2.760		
	전체	376.000	132			

a. 종속변수: 일상연락친구수

b. 예측자: (상수), 용돈

계수[a]

모형		비표준화 계수		표준화 계수		
		B	표준화 오류	베타	t	유의확률
1	(상수)	4.702	.585		8.042	<.001
	용돈	.053	.023	.196	2.291	.024

a. 종속변수: 일상연락친구수

▌그림 7-4▐ 회귀분석의 결과

먼저 **입력/제거된 변수**가 표시된다. 그림은 독립변수 **용돈**이 종속변수 **일상연락친구수**에 미치는 영향력을 **입력**에 의한 회귀분석으로 파악하였음을 의미한다.

다음으로 **모형 요약**이 제시된다. 여기서 R제곱(R^2)은 결정계수로서, 종속변수의 변이 중 회귀식의 변수에 의해 설명되는 변이를 의미한다.

위에서 R제곱은 .039인데, 이는 회귀식에 투입된 독립변수 **용돈**이 일상연락친구수라는 종속변수를 3.9% 설명하고 있음을 의미한다.

다음 ANOVA[11]의 F값과 유의확률은, 회귀모형의 통계학적 유의미성을 나타내는 통계량이다. F값은 5.247이고, 유의확률이 .024이기 때문에 회귀모형은 통계학적으로 유의미하다고 할 수 있다.[12]

다음으로 독립변수의 계수 등이 제시된다. 그림의 계수 등에 의하면, 회귀식은 일상연락친구수(종속변수) = .053(용돈의 비표준화 계수) × 용돈(독립변수) + 4.702(상수)이다.

회귀식의 함수 연산에 의할 때, 용돈이 늘어나면 친구 수가 많아지는 일정 인과관계를 추정할 수 있다.

또한 누군가의 용돈 액수를 함수에 대입하면 그의 친구 수를 추정하는 예측함수로도 활용할 수 있다.

그런데 이러한 추정만으로 가설을 최종 검증할 수는 없다. 이어지는 독립변수의 t값 그리고 유의확률에 의해 통계학적 검증이 이루어져야 한다.

위에서 용돈의 t값은 2.291 그리고 유의확률은 .024이다. 이는 용돈이 친구의 수에 영향을 미친다는 연구가설을 채택할 때, 틀릴 가능성이 2.4%라는 것이다. 그리고 2.4%는 일정 수준 이하의 오류이기 때문에 결론적으로 연구가설을 채택한다.

[결과 정리]

회귀분석의 결과는 일반적으로 다음과 같이 독립변수의 비표준화 회

11) ANOVA는 일원배치 분산분석(Analysis of variance]의 약어이다.

12) F값 5.247 그리고 유의확률 .024의 의미는 회귀모형이 적합하다고 할 때(연구가설 채택) 틀릴 가능성이 2.4%라는 것이다.

귀계수(B), 표준화 계수(베타), t값 그리고 유의확률 등을 종합하여 하나의 표로 작성한다.

〈표 7-1〉 일상연락친구수에 미치는 용돈의 영향력

구 분	비표준화 계수 (B)	표준화 계수 (베타)	t	유의확률
(상수)	4.702		8.042	.000
용돈	.053	.023	2.291	.024

* 종속변수 : 일상연락친구수

[결론]

회귀분석을 통해 <표 7-1>과 같은 통계 결과(표)를 얻었다면, 분석의 결론은 다음과 같다.

용돈이 **일상연락친구수**에 영향을 미친다는 가설을 검증하기 위하여, 단순회귀분석을 실시하였다.

분석결과 R제곱은 .039로, 독립변수 **용돈**이 종속변수인 **일상연락친구수**의 3.9% 설명하고 있다.

또한 F값은 5.247이고 **유의확률**이 .024이기 때문에, 회귀식 **일상연락친구수** = 4.702 + .053 × 용돈은 통계학적으로 유의미하다.

분석에 따른 최종적인 의미는 **용돈**이 많을수록 **일상연락친구수**가 늘어나는 것으로(t = 2.291, 유의확률 = .024), 두 변수 사이의 인과관계가 통계학적으로 검증되었다.

위와 같은 분석결과에 의하면 용돈이 매우 부족한 경우, 단지 사교범위의 위축으로 제한되는 것이 아니라 다양한 대인관계 기회의 박탈,

사회성 발달의 지연, 대인관계를 통한 성장 발달의 부진 등으로 이어질 수 있다. 따라서 용돈의 부족에 따른 이와 같은 가능성을 예의 주시하고, 이들을 대상으로 하는 다양한 대인관계 성장 프로그램을 적극 도입하여야 할 것이다.

❙ 단순회귀분석 : 가변수 처리된 독립변수의 사례

흑인이면 행복도가 낮을 것이다라는 가설을 검증하는 경우, **흑인여부**는 독립변수로, **행복도**는 종속변수로 설정하여 단순회귀분석을 실시할 수 있다.

단, 회귀분석의 투입변수는 양적변수여야하기 때문에 독립변수인 흑인 여부는 인종을 활용하여 가변수 처리되어야 한다. 즉, 백인 1, 흑인 2, 기타 인종 3으로 부호화되어 있는 기존 인종의 변수값을, 흑인 1, 백인과 기타 인종 0으로 코딩 변경한 이후 회귀분석에 투입되어야 한다.

[실행][13)]

독립변수가 가변수로 처리되었다고 해도 회귀분석 실행명령 등은 앞의 설명과 동일하다. 따라서 본 절에서는 그 상세 내용은 생략한다.

---

13) 본 절의 통계결과는, 저자의 학습 카페(http://cafe.daum.net/johnkl) SPSS 학습자료 중 「1991 U.S. General Social Survey.sav」에 근거한다.

[분석결과]

흑인이면 행복도가 낮을 것이다라는 가설을 검증하고자 실행된 회귀분석의 결과는 ▌그림 7-5▐ 와 같다.

입력/제거된 변수[a]

모형	입력된 변수	제거된 변수	방법
1	흑인여부[b]	.	입력

a. 종속변수: 행복도

b. 요청된 모든 변수가 입력되었습니다.

모형 요약

모형	R	R 제곱	수정된 R 제곱	추정값의 표준오차
1	.111[a]	.012	.012	.974

a. 예측자: (상수), 흑인여부

ANOVA[a]

모형		제곱합	자유도	평균제곱	F	유의확률
1	회귀	17.800	1	17.800	18.760	<.001[b]
	잔차	1425.155	1502	.949		
	전체	1442.955	1503			

a. 종속변수: 행복도

b. 예측자: (상수), 흑인여부

계수[a]

모형		비표준화 계수		표준화 계수		
		B	표준화 오류	베타	t	유의확률
1	(상수)	2.655	.027		98.403	.000
	흑인여부	.320	.074	.111	4.331	<.001

a. 종속변수: 행복도

▌그림 7-5▐ 회귀분석의 결과

먼저 입력/ 제거된 변수에 의하면, 독립변수 흑인여부가 종속변수 행복도에 미치는 영향력을 입력에 의한 회귀분석으로 파악하였음을 알 수 있다.

모형 요약에서 R제곱(R^2)은 .012인데, 이는 회귀식에 투입된 독립변수 흑인여부가 행복도라는 종속변수를 1.2% 설명하고 있음을 의미한다.

ANOVA의 F값은 18.760이고 유의확률이 .000이기 때문에 회귀모형은 통계학적으로 유의미하다고 할 수 있다.[14)]

독립변수의 계수 등에 의하면, 회귀식은 행복도(종속변수) = 2.655(상수) + .320(흑인여부의 비표준화 계수) × 흑인여부(독립변수)이다.

이러한 회귀식에 의할 때, 흑인의 행복도는 위 식의 흑인여부에 1이 대입되어 2.975가 되고, 백인 및 기타 인종의 행복도는 0이 대입되어 2.655가 된다. 따라서 흑인이면 행복도의 점수가 높다. 즉, 흑인은 불행하다고 할 수 있다.[15)]

흑인여부 계수의 t값은 4.331 그리고 유의확률은 .000으로, 흑인 여부가 행복도에 영향을 미친다는 연구가설을 채택할 때, 틀릴 가능성이 0.0%이다. 따라서 흑인 여부는 행복도에 유의미한 영향을 미치고 있다.

[결과 정리]

위와 같은 회귀분석의 결과는 <표 7-2>와 같이 요약된다.

〈표 7-2〉 행복도에 미치는 흑인 여부의 영향력

구 분	비표준화 계수 (B)	표준화 계수 (베타)	t	유의확률
(상수)	2.655		98.403	.000
흑인여부	.320	.111	4.331	.000

* 종속변수 : 행복도

14) F값 18.760, 그리고 유의확률 .000의 의미는 회귀모형이 적합하다고 할 때(연구가설 채택), 틀릴 가능성이 0.0%라는 것이다.

15) 행복도는, 매우 행복 1, 행복 2, 보통 3, 불행 4, 매우 불행 5 등으로 부호화하였다. 따라서 점수가 낮을수록 행복하다고 할 수 있음.

[결론]

회귀분석을 통해 <표 7－2>와 같은 통계 결과(표)를 얻었다면, 분석의 결론은 다음과 같다.

흑인여부가 행복도에 영향을 미친다는 가설을 검증하기 위하여 단순회귀분석을 실시하였다.

분석결과 R제곱은 .012로, 독립변수 흑인여부가 종속변수인 행복도를 1.2% 설명하고 있다.

또한 F값은 18.760이고 유의확률이 .000이기 때문에 회귀식 행복도 = 2.655 + .320 × 흑인여부는 통계학적으로 유의미하다.

분석에 따른 의미는 흑인이면 행복 수준이 낮아지는 것으로(t = 2.291, 유의확률 = .024), 두 변수 사이의 인과관계가 통계학적으로 검증되었다.

귀속적인 요인인 흑인 여부가 행복도에 영향을 미친다는 것은 미국사회에서 흑인에 대한 구조적인 차별이 있으며, 이에 따라 행복도가 저하된 것으로 볼 수 있다. 따라서 흑인 등 소수 인종에 대한 차별의 철폐를 위하여 정치, 경제, 사회, 문화, 교육, 직업 등 전반적 맥락에서의 적의 대처가 요구된다고 할 수 있다.

중다회귀분석

앞의 사례들은 하나의 측면을 독립변수로 하고, 또 다른 하나의 측면을 종속변수로 하는 단순회귀분석이다. 그런데 이를 보다 확장하여 하나의 종속변수에 대해 둘 이상 독립변수들의 인과관계를 동시에 분석할 수도 있는데, 이를 **중다회귀분석**(Multiple linear regression)이라고 한다.

일례로 **행복**을 종속변수로 설정하고, 이에 영향이 미칠 것으로 가정되는 다수의 측면을 독립변수로 투입하여 그 인과관계를 파악할 수 있다.

행복에 영향을 미치는 변수로 **재산**(X_1), **신체적 자신감**(X_2), **성별**(X_3), **학력**(X_4), **가족 안정**(X_5), **직업**(X_6), **일반 자신감**(X_7), **사회적 관계**(X_8) 등을 설정하였다고 가정하자.

설문을 통해 여러 대상자로부터 각 변수의 값을 구하였다. 이후 회귀분석을 실시하여, 다음과 같은 형식의 회귀식을 구할 수 있는 것이다.[16)]

$$
\begin{aligned}
Y(\text{행복}) = b\ +\ & a_1 X_1(\text{재산}) + a_2 X_2(\text{신체적 자신감}) + a_3 X_3(\text{성별}) \\
& + a_4 X_4(\text{학력}) + a_5 X_5(\text{가족 안정}) + a_6 X_6(\text{직업}) \\
& + a_7 X_7(\text{일반 자신감}) + a_8 X_8(\text{사회적 관계})
\end{aligned}
$$

[실행][17)]

SPSS pull down 메뉴 **분석**에서 하위메뉴 **회귀분석** 중 **선형**을 실행한다(그림 7-6 참조).

---

16) 회귀식의 a_1, a_2, … a_n 등은 각각 독립변수의 기울기이다.

17) 본 절의 통계결과는, 저자의 학습 카페(http://cafe.daum.net/johnkl) SPSS 학습자료 중「대학생의 생활실태와 시험성적.sav」에 근거한다.

▍그림 7-6▐ 회귀분석의 SPSS pull down 메뉴

이후 ▍그림 7-7▐ 과 같은 대화창이 실행되면 회귀분석에 활용될 종속변수와 독립변수들을 각각 선정한다. 만일 시험점수를 종속변수로 설정하고, 여기에 미치는 강의만족, 등교 소요시간, 주간 음주횟수, 일상연락친구수, 용돈, 아르바이트일수 등의 영향력을 알아보고자 한다면, 아래와 같이 변수를 선정하고 확인을 누르면 회귀분석이 실행된다.

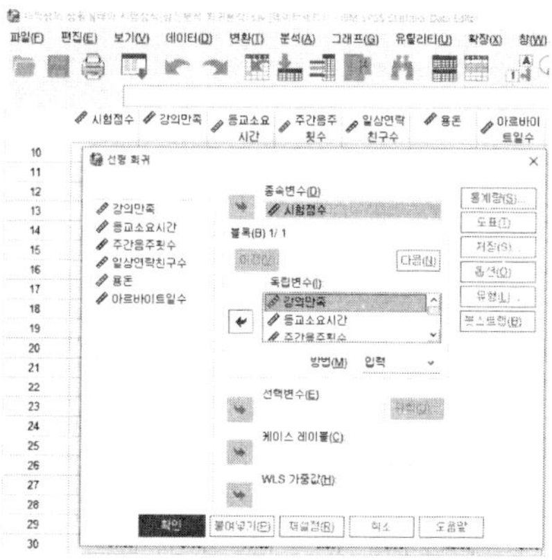

▍그림 7-7▐ 회귀분석 실행명령의 대화창

[분석결과]

위의 실행을 통해 얻어진 회귀분석의 결과는 ▌그림 7-8▌과 같다.

입력/제거된 변수[a]

모형	입력된 변수	제거된 변수	방법
1	아르바이트일수, 강의만족, 일상연락친구수, 용돈, 등교소요시간, 주간음주횟수[b]	.	입력

a. 종속변수: 시험점수

b. 요청된 모든 변수가 입력되었습니다.

모형 요약

모형	R	R 제곱	수정된 R 제곱	추정값의 표준오차
1	.958[a]	.918	.914	3.39379

a. 예측자: (상수), 아르바이트일수, 강의만족, 일상연락친구수, 용돈, 등교소요시간, 주간음주횟수

ANOVA[a]

모형		제곱합	자유도	평균제곱	F	유의확률
1	회귀	16144.533	6	2690.755	233.617	.000[b]
	잔차	1451.242	126	11.518		
	전체	17595.774	132			

a. 종속변수: 시험점수

b. 예측자: (상수), 아르바이트일수, 강의만족, 일상연락친구수, 용돈, 등교소요시간, 주간음주횟수

계수[a]

모형		비표준화 계수		표준화 계수		
		B	표준화 오류	베타	t	유의확률
1	(상수)	61.547	2.621		23.481	.000
	강의만족	6.842	.236	.892	29.005	.000
	등교소요시간	-.061	.017	-.113	-3.664	.000
	주간음주횟수	-.055	.314	-.008	-.176	.861
	일상연락친구수	-.098	.200	-.014	-.489	.626
	용돈	-.057	.074	-.031	-.777	.439
	아르바이트일수	.135	.186	.021	.726	.469

a. 종속변수: 시험점수

▌그림 7-8▌ 회귀분석의 결과

먼저 종속변수와 함께 독립변수 중 입력/ 제거된 변수가 표시된다. 그림에서 종속변수인 시험점수에 영향을 미칠 것으로 추정되는 독립변수

들은 **입력**에 의해 모두 회귀분석에 투입되었음을 의미한다.[18)]

다음으로 **모형 요약**이 표시된다. 여기서 R제곱(R^2)은 결정계수로서 종속변수의 변이 중 회귀식에 투입된 독립변수들에 의해 설명되는 변이를 의미한다. 따라서 결정계수가 클수록 좋은 회귀모형이라고 할 수 있다.

위에서 R제곱은 .918인데, 이는 회귀식에 투입된 독립변수들, 즉 강의만족, 등교소요시간, 주간음주횟수, 일상연락친구수, 용돈, 아르바이트일수 등이 시험점수라는 종속변수를 91.8% 설명하고 있음을 의미한다.

ANOVA[19)]에서 F값과 **유의확률**은, 회귀모형의 통계학적 유의미성을 나타내는 통계량이다. 그림에서 F값은 233.617이고, **유의확률**이 .000이기 때문에 회귀모형은 통계학적으로 유의미하다고 할 수 있다.[20)]

다음으로 회귀식과 관련하여 각 독립변수의 기울기, 즉 **계수**가 제시된다. 회귀분석을 통해 구해지는 독립변수의 계수는 **비표준화 계수**(B)와 **표준화계수**(베타) 두 가지가 있다.[21)][22)]

비표준화 계수(B)는 회귀식에서 해당 독립변수의 기울기를 의미한다.

---

18) 회귀분석의 방법으로 **입력**을 선택한 결과이다. 입력은 모든 변수가 동시에 투입되는 방식이다. 한편 다른 방법이 선택되었다면, 회귀식에 포함되는 변수들은 진입변수와 제거변수로 달라질 수 있다.

19) ANOVA는 일원배치 분산분석(Analysis of variance]의 약어이다.

20) F값 233.617 그리고 유의확률 .000의 의미는 회귀모형이 적합하다고 할 때(연구가설 채택) 틀릴 가능성이 0.0%라는 것이다.

21) 회귀분석에서 계수 값으로 부동소수점이 사용되기도 한다. 예를 들어, −2.599E-2이라고 회귀계수가 제시되는 경우, 이는 −2.599라는 정수형에서 소수점이 두 자리만큼 역방향으로 이동(E−2)하는 −0.02599를 의미한다.

22) 독립변수로 질적변수를 가변수 처리하여 투입하는 경우, 그 해석에 유의해야 한다. 예를 들어, 성별을 코딩 변경하여 여성인 경우 1, 남성은 0으로 부호화하여 투입하였고, 분석결과 성별의 회귀계수가 양의 부호를 가지며 종속변수에 유의미한 영향을 미쳤다고 가정하면, 여성(1)의 경우 회귀계수의 크기만큼 종속변수의 값이 늘어나는 것이다. 이때 변량이 1과 0밖에 없기 때문에 **여성일수록**이란 부적절할 수 있으며, **여성이면**이 보다 적절한 표현이다.

위 분석에 근거한 회귀식은 다음과 같다.

$$시험점수 = 61.547 + 6.842 \times 강의만족 - .061 \times 등교소요시간 - .055 \times 주간음주횟수 - .098 \times 일상연락친구수 - .057 \times 용돈 + .135 \times 아르바이트일수$$

한데 비표준화 계수, 즉 회귀식의 기울기로서 각 독립변수가 종속변수에 미치는 영향력의 크기를 상호 비교할 수는 없다. 왜냐하면 각 독립변수의 변량이 서로 다르기 때문이다.

구체적으로 이 사례에서 강의만족의 변량은 1~5, 등교소요시간은 20~120, 주간음주횟수는 0~6, 일상연락친구수는 4~10, 용돈 14~45, 아르바이트일수 0~5 등인데, 이 범위에서 해당 비표준화계수가 곱해지고, 그 결과가 종속변수에 반영되는 것이다. 따라서 비표준화 계수만으로 종속변수에 미치는 상대적 영향력을 가늠할 수 없는 것이다.

이러한 문제를 해결하고자 산출하는 회귀계수가 표준화계수(베타)이다. 표준화계수는 독립변수들이 표준편차 1을 갖도록 조정하였을 때의 회귀계수를 의미한다. 이는 해당 독립변수에 의해 설명되는 종속변수에서의 비율을 의미하기 때문에 독립변수의 상대적 영향력을 비교하는 근거가 된다.

위의 사례에서 표준화계수는 강의만족 .892, 등교소요시간 −.113, 주간음주횟수 −.008, 일상연락친구수 −.014, 용돈 −.031, 아르바이트일수 .021 등으로 분석되었다.

위의 변수 중 종속변수인 시험점수에 가장 큰 영향력을 미치는 것은 강의만족(.892)이고, 다음으로 등교소요시간(-.113), 용돈(-.031), 아르바이트일수(.021), 일상연락친구수(-.014), 주간음주횟수(-.008) 등의 순이라는 것

이다.[23)]

독립변수들이 종속변수에 미치는 각각의 영향력은 이와 같이 그 계수로서 파악한다. 한데 이러한 영향력이 통계학적으로 의미가 있는지 여부는 각 독립변수마다 표시되어 있는 독립변수의 t값 그리고 유의확률로 파악한다.

앞에서 강의만족의 회귀계수(B)는 6.842이고, 이때 t값은 29.005, 유의확률은 .000이다.

우선 회귀계수가 양의 값을 가지기 때문에 강의만족은 종속변수인 시험점수에 정적인 영향을 미친다고 추정할 수 있다. 즉, 강의에 만족할수록 시험점수가 높아진다는 의미이다. 또한 이 경우 유의확률이 .000으로서, 이는 연구가설(강의만족이 시험점수에 정적 영향을 미침)을 채택할 경우, 틀릴 가능성[24)]이 0.0%이라는 의미이다. 따라서 회귀분석을 통해 강의만족은 시험성적에 유의미한 영향을 미치는 변수로 판정한다.

등교소요시간의 회귀계수는 −.061, t값 −3.664, 유의확률 .000이다. 회귀계수가 음의 부호를 가지기 때문에 등교 소요시간은 시험점수에 부적 영향을 미침을 추정할 수 있다. 즉, 등교 소요시간이 길수록 시험점수가 낮아진다는 의미이다. 또한 유의확률이 .000으로서 연구가설(등교소요시간이 시험점수에 부적 영향을 미침) 채택 시 틀릴 가능성이 0.0%이다. 따라서 등교소요시간은 시험점수에 부적 영향을 미친다고 판정한다.

주간음주횟수의 회귀계수는 −.055, t값 −.176, 유의확률 .861이다. 계수가 음의 부호를 가지기 때문에 주간음주횟수는 시험점수에 부적 영향

---

23) 표준화계수를 비교할 때, 수 자체의 크기가 아니라 절대 값의 크기로 비교하기 때문에 이와 같은 순서가 된다.

24) 유의확률은 연구가설을 채택할 때 틀릴 가능성이다. 따라서 위의 유의확률 .000은 독립변수가 종속변수에 영향을 미친다고 할 때 틀릴 가능성이 0.0%임을 의미한다.

을 미친다고 추정할 수 있다. 그러나 유의확률이 .861로서 연구가설(주간음주횟수가 시험성적에 부적 영향을 미침) 채택 시 틀릴 가능성이 86.1%로서 매우 크다. 따라서 연구가설을 기각하여, 주간음주횟수는 시험점수에 의미 있는 영향을 미치지 않는다고 판정한다.

마찬가지 방식으로 다른 변수에 대해서도 각각의 계수(B) 그리고 t값의 유의확률을 파악함으로써 독립변수가 종속변수에 미치는 영향력 그리고 통계학적 의미를 파악할 수 있다.

[결과 정리]

회귀분석의 결과는 일반적으로 다음과 같이 각 독립변수의 비표준화 회귀계수(B), 표준화 계수(베타), t값 그리고 유의확률 등을 종합하여 하나의 표로 작성한다.

〈표 7-3〉 시험점수에 미치는 주요 독립변수의 영향력

	비표준화 계수 (B)	표준화 계수 (베타)	t	유의확률
(상수)	61.547		23.481	.000
강의만족	6.842	.892	29.005	.000
등교소요시간	-.061	-.113	-3.664	.000
주간음주횟수	-.055	-.008	-.176	.861
일상연락친구수	-.098	-.014	-.489	.626
용돈	-.057	-.031	-.777	.439
아르바이트일수	.135	.021	.726	.469

* 종속변수 : 시험점수

[결론]

회귀분석을 통해 <표 7-3>과 같은 통계 결과(표)를 얻었다면 분석의 결론은 다음과 같다.[25)]

시험점수를 종속변수로 하고, 여기에 영향을 미치는 다수 독립변수들의 영향력을 파악하기 위하여 중다회귀분석을 실시하였다.

투입된 독립변수는 강의만족, 등교소요시간, 주간음주횟수, 일상연락친구수, 용돈, 아르바이트일수 등이었다.

분석결과, R제곱은 .958로서, 회귀식에 투입된 독립변수들, 즉 강의만족, 등교소요시간, 주간음주횟수, 일상연락친구수, 용돈, 아르바이트일수 등이, 종속변수인 시험점수의 95.8% 설명하고 있다.

또한 F값은 233.617이고 유의확률이 .000이기 때문에, 다음의 회귀모형은 통계학적으로 유의미하다고 할 수 있다.

시험점수 = 61.547 + 6.842 × 강의만족 - .061 × 등교소요시간
- .055 × 주간음주횟수 - .098 × 일상연락친구수
- .057 × 용돈 + .135 × 아르바이트일수

위의 회귀식에서 시험점수에 유의미한 영향을 미치는 것으로 분석된 독립변수는 강의만족, 등교소요시간 등이었으며, 그 구체적인 의미는 다음과 같다.

---

25) 회귀분석은 회귀계수를 파악하는 등 일련의 과정을 통해 특정 현상에 영향을 미치는 다수 현상들의 인과관계를 구축하는 통계방법이다. 따라서 모형 구축에 앞서 선행 연구의 고찰 및 참조 등을 통해 연구틀의 설정이 필수적으로 요구된다. 또한 회귀분석에 앞서 반드시 실시되어야 하는 하나의 절차로 독립변수들의 중다공선성 파악 등도 요구된다. 그러나 본 교재에서는 회귀모형의 구축보다는 회귀분석에 대한 기본적 이해에 중점을 두고 있기 때문에 선행 연구 고찰 및 다중공선성 분석 등의 내용은 생략하였다.

1) 강의에 대해 만족할수록 시험점수가 높아진다고 할 수 있으며 (t = 29.005, 유의확률 = .000),

2) 등교 소요시간이 길수록 시험점수가 낮아진다고 할 수 있다 (t = -3.664, 유의확률 = .000).

위와 같이 학생들의 학업성취도(시험성적)는 강의만족 그리고 등교소요시간 등에 의해 영향을 받는다고 할 수 있다.

학생들이 강의에 대해 만족하는 경우, 학업성취도가 높아짐을 바탕으로 학생들의 눈높이에 맞는 강의 제공, 학생들의 다양한 욕구 충족 등이 중요함을 제언할 수 있다.

또한 등하교에 소요되는 시간이 학생들의 학업성취에 부정적인 영향을 미치기 때문에, 학생들에게 보다 편리한 교통편 제공, 집중학습 기간 중 숙박 편의 제공, 대중교통 이용 시 학습 가능한 다양한 학습 매체의 제공 등이 요구된다고 할 수 있다.

기타 사교활동 및 음주, 아르바이트 등은 시험점수에 영향을 미치지 않기 때문에 이를 학습과 무관한 학생들의 자율적 영역으로 고려하여 교수자의 지나친 관심 및 개입 등은 자제되어야 할 것이다.

결론 관련 유의사항[26)]

조사대상의 이해

통계분석의 결론은 조사대상이 누구냐에 따라 결론 및 논의 등이 다를 수 있다.

---

26) 기타 결론 관련 유의사항은 pp. 103-105 참조.

예를 들어 출퇴근 소요시간이 직장생활 만족도에 정적 영향을 미치는 것으로 분석되었다고 가정하자.

만일 이러한 분석이 일반 인구집단을 대상으로 했다면, 위 결과에 근거하여 직장생활 만족도의 제고를 위해 출퇴근 편의 지원 등의 논의를 진행할 수 있다.

그러나 조사대상이 시각장애인이었다면 위와 같은 일반적 내용 외에도 조사대상자의 일반 특성, 장애 특성, 직업 특성 등에 근거하여 여러 가지 내용을 논의할 수 있다.

조사대상에 대한 사전적 이해는 모든 연구에서 필수적인 과정이다. 특히 다른 연구자가 생산한 데이터 세트를 이용하는 경우, 이러한 과정은 더욱 강조된다고 할 수 있다. 따라서 본격적인 통계분석에 앞서 주요 변수에 대한 빈도분석 또는 기술통계 등을 실시함으로써 조사대상에 대해 정확히 이해해야 한다.

연구가설의 채택과 기각

분석에서 통계학적으로 유의미한 사실, 즉 연구가설을 채택하는 경우만 중시하는 경향이 있다. 그러나 연구가설을 기각하는 경우에도 연구에 상당 시사점을 줄 수 있다.

앞의 사례에서 아르바이트일수는 시험성적에 의미 있는 영향을 미치지 않는 것으로 연구가설을 기각하였다. 그런데 이러한 통계 결과는 아르바이트를 핑계로 시험점수가 낮아졌다는 것이 근거 없는 핑계임을 반증하는 것이고, 이는 여러 가지 시사점을 줄 수 있다.

이와 같이 연구가설이 채택되지 않는 경우에도 주목하여 다양한 연구 목적을 달성해야 한다.

저/자/약/력

■ 이계존
수원여자대학교 사회복지학과 교수
E-mail : johnk1@swc.ac.kr
Facebook : https://www.facefook.com/jon01097781543
cafe : http://cafe.daum.net/johnkl

기초 사회복지 자료분석론

|저자| 이계존

|1판 1쇄| 발행 2021년 2월 10일
|1판 2쇄| 발행 2024년 3월 20일

|발행인| 김동훈
|발행처| 공동체

|주소| 경기도 고양시 일산동구 호수로 358－39, 동문타워Ⅰ 905호(백석동)
|전화| 031) 814－3000(대표)
|팩스| 031) 814－3100
|홈페이지| http://www.compub.co.kr
|전자우편| compub@naver.com
|출판등록| 2005년 10월 6일
|등록번호| 제396-2005-36호

|ISBN| 979-11-6105-937-2
정가 12,000원